JN269281

逃げる公家、媚びる公家

戦国時代の貧しい貴族たち

渡邊大門

柏書房

目次

序　章　公家と武家の時代

❖公家とは

皆さんは戦国時代の公家《くげ》について、どのようなイメージをお持ちでしょうか。中学校や高校で学ぶ日本史の授業によって、平安時代における公家の活躍を刷り込まれ、戦国時代に関してはほとんど記憶にないかもしれません。もちろん公家の全盛期は、一般的に奈良・平安時代だったのですから、それは止むを得ないことです。そこで、基礎のおさらいとして、公家と武家の歴史の流れを簡単に追ってみたいと思います。

一般的に公家が権力を持ち、栄耀栄華を極めたのは奈良・平安時代で、おおむね十二世紀初頭までをピークとしています。その中でも藤原《ふじわら》氏は、摂政《せっしょう》・関白《かんぱく》・太政大臣《だじょうだいじん》などの主要な官職を一族で独占し、天皇と外戚《がいせき》関係を結ぶなど、すべての権力を掌中に収めていました。藤原氏に対抗できる公家は、存在しなかったといっても過言ではありません。

中でも有名な人物は、藤原道長《ふじわらのみちなが》（九六六〜一〇二七）です。絶大な権力を保持した道長は、「この世をば我が世とぞ思ふ望月のか（欠）けたることもなしと思へば」という和歌に権力者としての絶頂の思いを込めて詠んでいます。和歌の意味は「この世は自分（道長）のためにある。だから満月が欠けることもないのだ」となります。この言葉は藤原実資《さねすけ》の日記『小右記《しょうゆうき》』に記されていますが、当時頂点にあった道長の権力の有様を端的に表現した和歌として、あまりに有名なものです。

ところで、公家という言葉には、どのような意味があるのでしょうか。もともと公家とは、君主の家や官庁を意味する言葉でしたが、のちに転じて天皇を指す称となりました。鎌倉時代になると、政権を掌握した武士が武家と呼ばれたことから、朝廷や朝廷の官人《かんじん》（特に上層の廷臣）の総称となりました。公卿《くぎょう》も公家と同じ意味になります。後述しますが、公家とは五位《ごい》以上の位にある人々を指します。

では、武士という言葉には、どのような意味が込められていたのでしょうか。

かつての武士は、「さぶらい（侍）」「つわもの（兵）」「もののふ（武者）」と呼ばれていました。「侍」の語源は、貴族などに近習《きんじゅ》（そば近くに使える）する人を意味する動詞の「さぶらう」が名詞形となった「さぶらい」の転訛《てんか》したものです。「つわもの（兵）」は合戦を職務とする者を意味し、武力をもって公に奉仕する者が「もののふ（武者）」と呼ばれていました。武士とは、「さぶらい（侍）」「つわもの（兵）」「もののふ（武者）」という三つの言葉の意味が融合して広く用いられたものです。

武士は「さぶらい（侍）」などの語源が意味するように、都では貴族に仕えたり、武力をもって奉仕したりしていました。例えば、滝口《たきぐち》の武士や北面《ほくめん》の武士といわれるものが、それに該当します。滝口の武士とは、蔵人所《くろうどどころ》（天皇の家政機関）を警護する武士のことです。北面の武士とは、院御所《いんのごしょ》の警護に当たった武士で、北面に伺候《しこう》（貴人のそばに奉仕すること）したことからそう呼ばれました。同様に西面に伺候した武士は、西面《さいめん》の武士と称されました。

むろん武士の性格に関しては、少ない紙数では語り尽くすことができません。地方に本拠を構える有力な武士などもおり、すべてが都にいたわけではないからです。その性格も実に多様であったといえます。

公家が強大な権力を持つ中で、武家はどのような位置にあったのでしょうか。一言でいうならば、武家は公家よりも、ずっと下の地位にありました。天皇を頂点に公家が政権運営を担う中で、武家には政権に参画する余地がなかったのは事実です。武家が台頭するには、保元《ほうげん》・平《へい》治《じ》の乱（一一五六・一一五九）を待たなくてはならなかったのです。

❖武家の台頭

権力の頂点に達した藤原氏に水を差したのは、有名な保元・平治の乱です。以下、概要をたどることにしましょう。

保元の乱は、天皇家の家督争いに端を発して起こった事件です。久寿《きゅうじゅ》二年（一一五五）に近衛《このえ》天皇が亡くなると、崇徳上皇《すとくじょうこう》は子息の重仁親王《しげひとしんのう》を後継者とし、自らは院政《いんせい》を行なおうと考えました。ところが、鳥羽法皇《とばほうおう》は関白藤原忠通《ふじわらのただみち》、藤原信西《ふじわらのしんぜい》、美福門院《びふくもんいん》の意見に従い、崇徳上皇の弟を後継の天皇としました。のちの後白河《ごしらかわ》天皇です。青天《せいてん》の霹靂《へきれき》という事態にあって、崇徳上皇の不満は鬱積《うっせき》するばかりでした。

◆天皇家系図

- 鳥羽
  - 崇徳 ― 重仁親王
  - 後白河
  - 近衛

保元元年（一一五六）七月に鳥羽法皇が亡くなると、ついに崇徳上皇の不満は爆発します。同時に問題となったのが、摂関家における藤原忠通と弟の左大臣《さだいじん》藤原頼長《ふじわらのよりなが》との確執です。つまり、崇徳上皇を支持する藤原頼長、藤原忠実《ふじわらのただざね》（忠通、頼長の父）と後白河天皇を支持する藤原忠通、藤原信西、美福門院との二つに分かれ、対立を深めたのです。しかし、ここで忘れてならないのが、武士の存在です。

後白河天皇は、源 義朝《みなもとのよしとも》と平 清盛《たいらのきよもり》という有力武士をいち早く味方につけました。一方の崇徳上皇も源 為義《みなもとのためよし》（義朝の父）と平 忠正《たいらのただまさ》（清盛の叔父）に助力を請いました。武力を持たない公家には、武士の力が必要だったのです。事実、戦いは彼らの率いる軍勢が主役となって、繰り広げられました。保元元年（一一五六）七月十一日、源義朝と平清盛は崇徳上皇の籠もる白河殿を攻撃し、わずか数時間で勝利を得ました。

その結果、崇徳上皇は讃岐《さぬき》国に配流《はいる》（罪人を遠くの地へ流すこと）となり、為義と忠正は斬殺《ざんさつ》されました。頼長は奈良に逃亡しましたが、間もなく亡くなっています。鎌倉時代の僧慈円《じえん》（一一五五～一二二五）はその著『愚管抄《ぐかんしょう》』（承久三年・一二二一年成立）の中で、保元の乱を次のように評価しています（カタカナは漢字に改めました）。

鳥羽院失せさせ給て後、日本国の乱逆と云事は起りて後、武者の世になりにけるなり歴史書として知られる『愚管抄』は、神武《じんむ》天皇から筆を起こして政治史を叙述し、今後の日本が採るべき政治形態や当面の政策を述べた書物です。慈円は保元の乱を、武士台頭の契機と評価しています。保元の乱の三年後には、平治の乱が起こります。平治の乱では、平清盛が源義朝を討伐し、平氏政権樹立のきっかけを作りました。清盛は一族を次々と重要な地位に就け、「この一門（平氏一門）にあらざらむ人は皆人非人なるべし」（『平家物語』における平時忠《ときただ》の言葉）といわしめています。もはや武家の台頭は、誰にも食い止められなかったのです。

❖武家政権の樹立

治承《じしょう》五年（一一八一）閏二月に平清盛が亡くなる前、源義朝の遺児頼朝《よりとも》が平氏に叛旗を翻し、日本は内乱の時代に突入します。清盛という核を失った平氏の弱体化は一気に進み、ついに源氏との戦いを余儀なくされました。寿永《じゅえい》二年（一一八三）、落ち目になった平氏は、入京した源義仲《みなもとのよしなか》と戦うことなく都をあとにします。それまで多くの公家は平氏に媚びへつらっていましたが、平氏の都落ちに同道する者はほとんどありませんでした。都には義仲の軍勢が乱入し、好き放題な行動を取りますが、その前に公家は無力でした。

後白河法皇は摂政近衛基通《このえもとみち》、右大臣九条兼実《うだいじんくじょうかねざね》に、平氏追討のことを諮っています。後白河法皇以下、多くの公家たちは平氏に代わった源義仲を歓迎し、新たな武家勢力に従ったのです。ここからは、公家のしたたかさや変わり身の早さを読み取ることができます。しかし、義仲が都で横暴を極めると、後白河法皇は源頼朝の利用を画策します。結局、義仲は頼朝に滅ぼされ、以後は頼朝が重用されるようになりました。武士の持つ武力というものは、天皇や公家に十分に認識されたはずです。

元暦《げんりゃく》二年（一一八五）、源頼朝は平氏を打倒し、鎌倉幕府《かまくらばくふ》を樹立しました。日本史上における、初の武家政権の誕生です。むろん鎌倉幕府が全国津々浦々にまで権力を及ぼしたとは申しませんが、東国を拠点として強大な権力を握ったのは確かでしょう。しかし、天皇や公家は、決して武家政権の誕生を心から喜んだわけではありません。なぜなら、後鳥羽上皇《ごとばじょうこう》や後醍醐天皇《ごだいごてんのう》は、鎌倉幕府に叛旗を翻しているのです。

❖抵抗する天皇——後鳥羽上皇

幕府に対して、最初に戦いを挑んだのは後鳥羽上皇でした。正治《しょうじ》元年（一一九九）に源頼朝が歿すると、嫡子である頼家《よりいえ》が二代将軍になりました。しかし、北条時政《ほうじょうときまさ》によって頼家が退けられると、弟千幡《せんまん》が擁立されました。のちの実朝《さねとも》です。朝廷においても、建仁《けんにん》二年（一二〇二）に権勢を恣《ほしいまま》にした源通親《みなもとのみちちか》が歿すると、後鳥羽上皇が朝廷の実権を掌握することになりました。公武ともに、大きな変化があったのです。

後鳥羽上皇の対幕府政策の基本は、融和政策であったといえます。実朝の妻に坊門信清《ぼうもんのぶきよ》の娘が迎えられたのは、その好例です。ところが、幕府との関係は、案外うまくいきませんでした。例えば、後鳥羽上皇は幕府に地頭《じとう》の個別的停止を求めますが、御家人《ごけにん》保護の観点から拒否されます。公家と武家との利害は、必ずしも一致しなかったのです。承久《じょうきゅう》元年（一二一九）に肝心の実朝が暗殺されると、後鳥羽上皇は幕府との協調路線を取り止め、倒幕を決意することになります。

承久三年（一二二一）五月、ついに倒幕は決行されました。後鳥羽上皇は畿内近国の兵を集めると、京都守護《しゅご》の伊賀光季《いがみつすえ》を討ち取りました。そして、鎌倉幕府の執権《しっけん》である北条義時《ほうじょうよしとき》追討の宣旨《せんじ》（天皇の命を伝える文書）を出し、全国に力強く倒幕を宣言したのです。後鳥羽上皇や支える公家たちは、幕府が宣旨に恐れをなして、早々に降参すると考えたかもしれません。しかし、事態は予期しない方向へ進むことになります。

幕府側で徹底抗戦を主張したのは、頼朝の後家で「尼将軍」と称された北条政子《ほうじょうまさこ》でした。実朝歿後、九条家から頼経《よりつね》が幕府に迎えられていましたが、実質的な政治運営では政子が後見人となり、執権の北条義時が補佐していました。政子が檄《げき》を飛ばすと、関東の諸軍勢が結集し、木曽川で待ち構える後鳥羽上皇方の軍勢を打ち破りました。勢いを得た幕府軍はそのまま進軍し、六月十五日にはついに入京を果たしています。後鳥羽上皇の完全な敗北でした。

無残な敗北を喫した後鳥羽上皇には、厳しい処罰が待っていました。後鳥羽、順徳《じゅんとく》、土御門《つちみかど》の三上皇は、それぞれ隠岐《おき》、佐渡《さど》、土佐《とさ》に配流されました。朝廷の三千ヶ所といわれた所領もすべて没収され、恩賞地として幕府方の武士に与えられました。仲恭《ちゅうきょう》天皇は廃位され、代わりに後堀河《ごほりかわ》天皇が即位しています。そして、京都に六波羅探題《ろくはらたんだい》が設置されることにより、幕府の威勢は西国に及ぶところとなりました。このような状況を間近に見た公家たちは、震え上がったに違いありません。

❖抵抗する天皇——後醍醐天皇

後鳥羽上皇の蜂起後、天皇・公家はおとなしくしていましたが、約百年後に異色の天皇が登場します。のちに「異形《いぎょう》の天皇」と称される後醍醐天皇です。後醍醐天皇は文保《ぶんぽ》二年（一三一八）に即位すると、それまでの院政を廃止して、天皇親政を開始しました。さらに「のちの三《さん》房《ぼう》」と称される吉田定房《よしださだふさ》、万里小路宣房《までのこうじのぶふさ》、北畠親房《きたはたけちかふさ》を登用して政務に励みましたが、究極的な目的は「打倒鎌倉幕府」の一点にありました。その代表的な事件が、正中《しょうちゅう》の変、元弘《げんこう》の変なのです。
元亨《げんこう》三年（一三二三）、後醍醐天皇は側近の日野資朝《ひのすけとも》、日野俊基《ひのとしもと》をそれぞれ東国、畿内に派遣し、倒幕勢力の結集を呼び掛けました。しかし、正中元年（一三二四）九月に密告によって、倒幕計画は幕府に露見してしまいます。挙兵準備をしていた多治見国長《たじみくになが》、土岐頼貞《ときよりさだ》は京都の宿所を急襲され、日野資朝、日野俊基も捕らわれの身となりました。後醍醐天皇は万里小路宣房を幕府に遣わして弁解を行ない、このときは何とか窮状を凌ぐことができたのです。

　このような緊迫した状況にさらされながらも、後醍醐天皇は不屈の精神で倒幕の初志を貫徹します。正中の変後、それまでにも問題視されていた鎌倉幕府の執権北条高時《たかとき》の悪政が続き、政情不安は頂点に達していました。この状況を憂いた後醍醐天皇は、再度日野俊基と謀り、密かに倒幕計画を進めることになります。嘉暦《かりゃく》二年（一三二七）、後醍醐天皇は天台座主《てんだいざす》に護良親《もりよししん》王《のう》を任命するなどし、また南都北嶺《なんとほくれい》の寺院に協力を呼びかけています。

　後醍醐天皇は周到に準備を進めますが、元弘《げんこう》元年（一三三一）に突如として側近の吉田定房が倒幕計画を幕府に密告しました。幕府は直ちに関係者を捕らえますが、後醍醐天皇は南都へ逃れることに成功します。吉田定房が突然裏切った理由は、未だによくわかっていません。幕府による関係者への追及は厳しく、ついに後醍醐天皇も笠置《かさぎ》（京都府相楽《そうらく》郡笠置町）で捕らえられてしまいます。後醍醐天皇は承久の変の例に倣《なら》って、隠岐島に配流となりました。何とも皮肉な結果に終わったのです。

配流中も後醍醐天皇の闘志は失われず、護良親王や楠木正成《くすのきまさしげ》が倒幕活動を展開しています。後醍醐天皇自身も隠岐島脱出に成功し、元弘三年（一三三三）五月には悲願である鎌倉幕府の打倒を果たしました。後醍醐天皇は従来の常識に捉われず、「建武新政《けんむのしんせい》」を展開しますが、強引な政策は広く受け入れられることなく、建武政権はあっけなく崩壊します。その後、かつての盟友である足利尊氏《あしかがたかうじ》に裏切られ、室町幕府が樹立することになるのです。以後、表立って武家に叛旗を翻す天皇は出てこなくなります。

❖応仁の乱から戦国へ

鎌倉時代から南北朝時代にかけて、天皇・公家の威勢はすっかり削ぎ落とされることになりました。誤解のないようにいえば、天皇・公家に存在意義がなかったわけではありません。改元などは、武家側で自由に行なうことができませんでした。しかし、時代が進むにつれて、天皇・公家が苦境に立たされたのは事実です。そのもっとも根幹に関わる問題は、公家の経済的な問題でした。

公家の経済的基盤でもっとも重要なのは、荘園《しょうえん》であるといっても過言でありません。荘園とは、奈良時代から戦国時代にかけて存在した土地所有形態のことです。公家は荘園から納められる年貢によって、日々の生活を賄っていたのです。この点は、中央の寺社も同じでした。公家の持つ荘園は京都の周辺にも存在しましたが、その多くは地方にありました。もちろん荘園の管理は、公家が直接赴いて行なうわけにはいきません。そこで、現地で「代官」という管理者を雇い、年貢の徴収を任せていました。

鎌倉末期頃からの地方武士の成長に伴い、彼らは領主的権限を拡大して現地支配を志向するようになりました。中でも公家を脅かしたのは、本来届けられるはずの荘園の年貢が武士によって奪われることでした。こうした動きは、南北朝期以降さらに活発化していきます。例えば、守護（国単位に設置された鎌倉・室町幕府の職名）は守護段銭《たんせん》と呼ばれる独自の税を賦課するなどしたため、荘園の負担は膨大なものとなりました。やがて、荘園の経営実態は有名無実となり、公家の窮乏化がいっそう進むことになります。

応仁《おうにん》の乱以降は京都も戦乱に見舞われ、京都周辺や地方に疎開する公家が多くなり、やがて朝廷の運営がままならなくなります。時代の進行とともに、朝廷の職務を果たす公家の数が少なくなったのが原因です。公家は「生活」という現実的な問題を抱えており、その栄光は少しずつ失われつつありました。しかし、この事態に対して、公家は黙っていたわけではなかったのです。

公家の中には、収入を確保するために、現地へ直接赴き直接荘園の管理を行なう者もいました。場合によっては、現地の戦国大名のもとで庇護を受け、学問を享受することによって、生活を成り立たせる者もいました。ある公家は京都にあって、大名の求めに応じて『源氏物語《げんじものがたり》』や『古今和歌集《こきんわかしゅう》』などの古典を書写し、売却することで金銭を得ていました。応仁の乱以降、戦乱の様相が強まってきますが、公家はたくましくその時代を生き抜いたのです。

本書は後述するとおり、戦国時代を生き抜く公家たちを対象としていきます。

❖公家の身分

ところで、一口に公家といっても、さまざまです。ちょうど現在の会社や官公庁に職階があるのと同じように、公家にも身分差がありました。例えば、三位《さんみ》以上の大臣、納言《なごん》、参議《さんぎ》は、公卿もしくは上達目《かんだちめ》と呼ばれました。それに続く四位《しい》・五位《ごい》の者は、殿上人《てんじょうびと》と呼ばれています。彼らは、天皇の居所である清涼殿《せいりょうでん》への昇殿を許される存在でした。昇殿を許される家柄は、のちに堂上家《どうしょうけ》と称されています。

一方、六位《ろくい》以下の者は昇殿を許されず、彼らは地下家《じげけ》と称されていました。彼ら下級官人は、実際の朝廷運営の下支えをしていたのです。現代でいうならば、実務担当者ともいうべき存在です。なお、一般的に公家というのは、五位以上の家柄を示しますので、彼らは該当しないことになります。

五位と六位の間には、単に昇殿という問題に止まらず、明確な格差がありました。例えば、蔭《おん》位《い》という制度では、父祖の位によって、子孫が一定の位を与えられるようになっていました。高い位の公家ほど優遇されており、その身分を維持するのに有利であったといわれています。つまり、高い位の公家の子孫は、最初に与えられる位が下位の公家よりも、高く設定されていたのです。こうして、公家の家格は固定化されていきました。

堂上家と地下家に格差があったと申しましたが、堂上家内部においても家格差がありました。堂上家には、次のように家格が設定されています。

①摂関家《せっかんけ》——大納言、右大臣、左大臣を経て、摂政、関白、太政大臣に昇任できる家柄。近《この》衛《え》、九条《くじょう》、二条《にじょう》、一条《いちじょう》、鷹司《たかつかさ》の五家。

②清華家《せいがけ》——摂関家に続く家柄。太政大臣まで昇任できる。久我《こが》、転法輪三条《てんぽうりんさんじょう》、西園寺《さいおんじ》、徳《とく》大寺《だいじ》、花山院《かざんいん》、大炊御門《おおいみかど》、今出川《いまでがわ》、醍醐《だいご》、広幡《ひろはた》の九家。

③大臣家《だいじんけ》——清華家に続く家柄。太政大臣まで昇任できることになっているが、実際には内大臣を超えて昇任した例はない。正親町三条《おおぎまちさんじょう》、三条西《さんじょうにし》、中院《なかのいん》の三家。

④羽林家《うりんけ》——大臣家に続く家柄。大納言まで昇任できる（例外的に内大臣まで昇任した者がいた）。
橋本《はしもと》、上冷泉《かみれいぜい》、下冷泉《しもれいぜい》、飛鳥井《あすかい》、姉小路《あねがこうじ》、清水谷《しみずだに》、山科《やましな》など全部で二十三家。

⑤名家《めいけ》——羽林家と同格の家柄。例外的に、左大臣、内大臣に昇任した例がある。日野《ひの》、広《ひろ》橋《はし》、柳原《やなぎはら》、烏丸《からすま》、中御門《なかみかど》、甘露寺《かんろじ》、葉室《はむろ》、勧修寺《かじゅうじ》、万里小路《までのこうじ》など全部で六十六家。

⑥半家《はんけ》——堂上家で最下位の家柄。大納言まで昇進できる。高倉《たかくら》など全部で二十六家。

このように公家の中では身分が固定化され、昇任できる最高の位も決まっていました（例外はありましたが）。本書でも公家と武家との葛藤について触れますが、例えば豊臣秀吉《とよとみひでよし》が関白に就任するようなことは、公家にとって驚倒すべきことでした。それほど、公家の身分秩序は固定化され、厳然たるものがあったのです。特に、秀吉の場合は一介の百姓からのし上がっただけに、大きなインパクトがありました。

❖本書の目的

公家と武家の歴史の流れや、公家の制度について述べてきました。次に、本書の目的を記しておきます。いうまでもなく戦国時代は武家の時代であり、公家は極めて薄い存在でした。そのこと自体は、否定できない事実です。しかし、この時代の公家が力強くそしてたくましく生き抜いたことはあまり知られていないように感じます。本書では、そうした興味深い事例を数多く取り上げ、公家たちの在り方に焦点を当てていきます。

「第一章　厳しい公家の生活」では、一流の学者でもあった一条兼良《いちじょうかねら》、三条西実隆《さんじょうにしさねたか》を中心に論じます。彼らは知識人として一目置かれる存在でしたが、内実は厳しい生活を強いられていました。彼らが京都にあって地方の大名と交流し、古典書写を媒介にして、いかにして生き抜いていたかを述べます。

「第二章　地方に下る公家たち」では、和歌や学問に通じた冷泉為広《れいぜいためひろ》、清原宣賢《きよはらのぶかた》に焦点を当てます。彼らは都に止まらず、積極的に地方へ下り、大名と交流をしました。それは文芸や学問を享受したいという、大名たちの要望に適うものだったのです。この章では、その実態に迫ります。

「第三章　勤めを果たさない公家たち」では、地方へ下って朝廷の勤めを果たさなかった橋本《はしもと》公夏《きんなつ》、柳原資綱《やなぎはらすけつな》・量光《かずみつ》父子、冷泉為純《ためずみ》を例にして、地方での生活について論じます。彼らは地方にある家領《けりょう》荘園の直務《じきむ》を選択し、あまり朝廷には奉仕しませんでした。中には冷泉為純のように、現地で悲惨な討ち死にをした例も確認することができます。その背景にいかなる事情があったのかを考えます。

「第四章　戦国大名との婚姻関係」では、今川氏親《いまがわうじちか》、武田信玄《たけだしんげん》、豊臣秀次《とよとみひでつぐ》を題材にして、戦国大名と婚姻関係を結んだ公家たちを取り上げます。戦国時代までは、上層の公家の娘が地方の武将のもとに嫁ぐということは、なかなか考えられないことでした。戦国大名と公家の娘との婚姻は、この時代に類例が多く確認できます。戦国大名と公家が繋がることに何かメリットがあったのでしょうか。その辺りを述べることにします。

「第五章　天下人との狭間で」では、織田信長、豊臣秀吉と朝廷との関係をテーマにして、両者の関係を検討します。戦国大名が地方にいる場合と異なり、彼らが京都にいたことは、公家身分を脅かされることになり、大変な脅威でした。また、身分を飛び越えて、信長や秀吉が高位に就くことも考えられないことでした。ここでは信長・秀吉が天皇・朝廷に対して、どのように対処したのかを考えます。

「終章　公家たちのその後」では、戦国時代の公家たちが、近世あるいは近代に至って、どのようになっていったのか、その後を追いかけることにします。案外、驚くような結末を迎えたことがわかります。

以上の六つのトピックスから戦国時代の公家について述べますが、その意外な姿を知っていただくことができれば、望外の喜びです。各章はそれぞれ独立していますので、どこから読んでいただいても結構です。

第一章　厳しい公家の生活

1　稀代の大学者、一条兼良

❖一条兼良の略伝

最初に、兼良《かねら》の経歴について触れておきたいと思います。応永《おうえい》九年（一四〇二）五月、兼良は父経嗣《つねつぐ》の子として誕生しました。元服したのは、応永十九年（一四一二）のことです。四年後に権大納言《ごんだいなごん》に就任し、父から正式に家督を受け継ぎました。永享《えいきょう》四年（一四三二）八月、兼良は摂政・氏長者《うじちょうじゃ》になりますが、ときの六代将軍足利義教《あしかがよしのり》が二条持基《にじょうもちもと》を起用したこともあって、一度は辞任に追い込まれます。文安《ぶんあん》四年（一四四七）六月、近衛房嗣《このえふさつぐ》が関白を辞任すると、再び兼良が起用されました。以後、太政大臣を経て関白に就任することになります。

兼良は五摂家の一つである一条家の出身ということもあり、まさしく「公家の中の公家」というべき存在でした。特に、その学識は、当時としては群を抜くものがありました。そもそも兼良の祖父二条良基《よしもと》は和歌・連歌に優れ、南北朝期の碩学《せきがく》（学識の深いこと）の一人に数えられていました。外祖父の東坊城秀長《ひがしぼうじょうひでなが》も学者として活躍しており、兼良の学問的な素養は彼らから受け継いだものといえましょう

兼良の残した著作は、実に膨大なものになります。その代表的なものを左に掲出しておきましょう。

①『日本書紀纂疏《にほんしょきさんしょ》』――『日本書紀』の注釈書。
②『花鳥余情《かちょうよじょう》』――『源氏物語』の注釈書。
③『公事根源《くじこんげん》』――子弟の教育のために書いた有職故実《ゆうそくこじつ》書。
④『樵談治要《しょうだんちよう》』――将軍足利義尚《よしひさ》の政道に関する質問に回答した意見書。
⑤『桃華蕊葉《とうかずいよう》』――有識故実や一条家の財産を記した書物。

兼良は古典の注釈や教訓書に止まらず、和歌や仏教の分野でも執筆をし、多彩な才能を発揮しています。若い頃から秀才ぶりを称えられた兼良は、「五百年来の大学者」「一天無双《いってんむそう》の才（天下に二人といない天才）」と言われ、名声を恣《ほしいまま》にしました。このように幅広い学問分野で高く

評価された兼良ですが、戦国時代には大変厳しい生活を強いられることになります。以下、戦国時代における兼良の経済状況や大名たちとの交流を見ることにしましょう。

❖一条家の家領

一条家の財政を支えていたのは、ほかの公家と同じく各地に散在する荘園などでした。後述するとおり、家に伝わる古典籍の数々も大きな財産といえます。兼良の重要な著作の一つに、先に掲出した『桃華蕊葉』があります。同書は文明《ぶんめい》十二年（一四八〇）四月、兼良が一条家の後継者となった冬良《ふゆら》に与えたもので、一条家の当主が知らなくてはならない情報を含んでいました。その中で、もっとも切実なものが家領《けりょう》荘園でした。同書によると、一条家の主要な家領荘園は次のようになります。

①山城国――小塩《おしお》荘、久世《くぜ》荘
②摂津国――福原《ふくはら》荘、大田保《おおたのほう》
③土佐国――幡多《はた》荘
④和泉国――大泉《おおいずみ》荘

⑤越前国――足羽御厨《あすわのみくりや》など

土佐国幡多荘には、のちに一条家の子孫が下り、いわゆる大名化を成し遂げています。このほかにも、備後国、尾張国などにも家領荘園がありました。しかし、いずれの家領荘園も応仁・文明の乱以降は、それぞれの国の有力武将の侵略や代官による年貢の横領によって、実際には有名無実になっていました。こうしたことが度重なり、一条家の財政が疲弊したのはいうまでもありません。その対策がいかにして行なわれていたか、述べることにしましょう。

❖応仁・文明の乱が勃発する

応仁《おうにん》元年（一四六七）、いわゆる応仁・文明の乱が勃発しました。応仁・文明の乱は京都を舞台にして、のちには全国に波及する一大争乱です。この乱によって、一条家をはじめとする多くの公家の財政的な窮乏がいっそう進みました。乱によって都は戦火に見舞われ、安心して住めるような状況にはありません。公家たちはそれぞれ疎開を考えるようになります。当然、兼良も疎開することになりました。

兼良の五男には、奈良興福寺《こうふくじ》の大乗院門跡《だいじょういんもんぜき》になっていた尋尊《じんそん》がいました。当時の政治・社会情勢を書き記した『大乗院寺社雑事記《だいじょういんじしゃぞうじき》』は、尋尊の手になる日記として知られ、当時の状況を知るうえで参照されるべき貴重な史料です。兼良は子息の尋尊を頼って、奈良へ疎開をしました。応仁元年（一四六七）五月十日、兼良は関白二条持通《もちみち》が職を辞したのに伴い、再び関白を務めていました（『公卿補任《くぎょうぶにん》』）。しかし、戦火の広がりは、予断を許さなかったのです。

兼良が奈良に疎開をしたのは、関白就任から三ヶ月後の八月十九日のことです（『大乗院日記目録』）。前内大臣の九条政忠《くじょうまさただ》や前関白の鷹司政平《たかつかさまさひら》なども一緒でした。当初、兼良は禅定院《ぜんじょういん》に滞在していましたが、約一ヶ月後には興福寺成就院《じょうじゅいん》に移っています。閏十月になると、尋尊は父に米十石を贈っています（『大乗院寺社雑事記』）。兼良の経済事情が厳しくなっていたのでしょう。また、鷹司政平に対しても援助を惜しんでいません。彼らの経済的状況が厳しく、ほとんど取る物も取らず、奈良へ疎開した様子をうかがえます。

同道した九条政忠は経済的にかなり苦しかったようで、経覚《きょうがく》に援助を依頼しています（『経覚私要抄《きょうがくしようしょう》』）。事情を察した経覚は、政忠に金品などを贈っています。実のところ、経覚は九条経教《つねのり》の子で、興福寺大乗院門跡を務めたことがあります。彼の日記『経覚私要抄』も当該期の歴史を知るうえで、『大乗院寺社雑事記』と同じく重要な史料です。政忠は同じ九条家の縁を頼って、奈良へ疎開したのでしょう。政忠はのちに関白になるほどの人物なのですが、このときは経済的に厳しい状況にあったのです。

兼良にとって、もう一つ悔やまれることがありました。それは、一条室町の自邸にあった文庫の桃華坊《とうかぼう》が焼失したことです。貴重な文書や記録の一部は、毘沙門谷《びしゃもんだに》の光明峰寺《こうみょうぶじ》に避難して無事でしたが、多くのものは灰燼《かいじん》に帰しました。当代随一の学者兼良にとっては、命を奪われるに等しいものがあったのです。仮に現在も残っていれば、国宝や重要文化財になったかもしれません。光明峰寺にあった文書や記録は、翌応仁二年（一四六八）に大乗院門跡に納められています。

やがて、奈良には大勢の公家が疎開することになり、都さながらの様相を呈してきます。しかし、現実の政治は常に動いています。兼良は、いつまでも疎開生活をするわけにはいきません。後花園《ごはなぞの》法皇は兼良に対して、帰京することを命じましたが、兼良はこの命令に応じませんでした。文明二年（一四七〇）七月、二条政嗣《まさつぐ》が関白の職を望むところとなりました。すると、兼良は日野勝光《ひのかつみつ》による関白辞退の勧めに応じて、あっさりと辞職しています（『大乗院寺社雑事記』）。子息の尋尊は、関白職を辞した兼良は出家すべきであると感想を書き残しています。

❖美濃国訪問

しばらく奈良に滞在した兼良ですが、美濃国の守護代である斎藤妙椿《さいとうみょうちん》（一四一一～一四八〇）

のもとを訪問することになりました。文明五年（一四七三）のことです。では、斎藤妙椿とはいかなる人物なのでしょうか。妙椿は美濃国土岐《とき》氏の配下にあって、守護代を務めていました。その威勢は当主土岐氏を凌ぐほどで、応仁・文明の乱では西軍の重鎮として戦いました。妙椿が亡くなった際、西軍を率いた足利義視《よしみ》は困り果てたといわれており、その有能さをうかがい知ることができます。妙椿は武力だけでなく文芸にも秀でており、兼良以外には歌人として著名な東常縁《とうのつねより》（生歿年不詳）とも親しい関係にありました。

兼良と妙椿とは、決して知らない間柄ではありませんでした。文明二年（一四七〇）二月には、二千五百疋が妙椿から兼良に贈られています（『大乗院寺社雑事記』）。以降は、毎月五十疋を贈ったとあるので、二人の仲は相当親しかったように思います。おそらく二人は和歌などの文芸を通して、懇意になったのでしょう。兼良はそうしたかつての縁を頼ったのです。

兼良の美濃国訪問は、自身の著作『藤河の記《ふじかわのき》』に詳しく記されています。同書は、兼良が文明五年（一四七三）五月二日に奈良を出発してから、五月二十八日に奈良へ帰着するまでの旅行記です。兼良の美濃国訪問の目的は、斎藤妙椿と親交を深めることでしたが、併せて同国に滞在していた正室の東御方《ひがしのおんかた》や子息らと対面することにもありました。以下、同書によって、兼良の美濃国訪問を確認することにしましょう。

五月二日の明け方、兼良は奈良を出発して般若坂《はんにゃざか》を越えると、やがて現在の京都府木津川《きづがわ》市の梅谷《うめたに》から加茂《かも》を経て関所に至ります。この関所は、当時伊賀国守護であった、仁木《にっき》氏が設置したものと考えられています。兼良は、通行の妨げになる、と不快な思いを書き記しています。この日は、現在の滋賀県甲賀《こうか》市の朝宮《あさみや》で日が暮れたので、小さな家で一夜を過ごしました。このような記述を見る限り、いかに摂関家の一員であっても、道中では特別な扱いがなされなかったことを確認できます。

同三日、朝宮を出発した兼良は、今まで見たこともないような険しい場所を通過して、ようやく石山寺（滋賀県大津市）に到着します。都での生活が長かった兼良にとって、険しい道のりは、驚きの連続であったに違いありません。そして、石山寺から大津市に至り、坂本で宿を取りました。翌四日、兼良は堅田《かたた》に移動し、そこから船で琵琶湖を横断します。風が激しかったとの記述があります。

琵琶湖横断後、琵琶湖対岸の朝妻《あさづま》（滋賀県米原市）に到着し、陸路で美濃国を目指しました。道中では和歌を詠むような余裕を見せていますが、老齢であった兼良にとって、厳しい道のりであったと推測されます。兼良がようやく妙椿のもとに到着したのは、五月七日のことでした。奈良から五日間の行程となっています。

❖斎藤妙椿の歓待

兼良の突然の訪問に対して、妙椿は驚きの念を隠せませんでした。しかし、すぐさま正法寺《しょうぼうじ》を宿所とし、旅の疲れを癒してもらうように手配しています。正法寺は、美濃国守護土岐頼康《よりやす》が十四世紀半ばに菩提寺《ぼだいじ》として建立した寺院です。五山《ござん》・十刹《じゅっさつ》に次ぐ諸山《しょざん》の寺格を持ち、美濃国で最初の禅宗寺院であるといわれています。妙椿は、正法寺の横にある新寮の一つを兼良の宿所としたのです。

妙椿は、正法寺の向かいに城を築いていました。城内には、池や見事な庭園が作事されており、持仏堂が設けられていました。持仏堂には、兼良も驚くような名作の本尊もあったようです。妙椿の豊富な財力を物語るところでしょう。そこには僧侶が住む庵があり、兼良は妙椿から庵号を求められました。そこで、兼良は『無量寿経《むりょうじゅきょう》』の一節から「法城」と命名しています。当代随一の学者から命名された妙椿は、大変満足であったことでしょう。

五月九日に歌の披講《ひこう》（歌会で曲節をつけて歌を詠むこと）が催され、十一日には酒宴の席が設けられました。このとき、美濃国守護土岐成頼《しげより》の子息美伊法師（このとき九歳）が宴席で舞を舞いました。子息の美伊法師とは、のちの政房《まさふさ》のことです。兼良は子息を評して「回雪《かいせつ》の袖をひるがへす。生まれながらにして天骨《てんこつ》を得たり」と記しています。これは「風に舞う雪のように袖を翻して巧みに舞う。生まれながらの天賦の才がある」という意味になります。続けて兼良は、かつて幼少ながら舞いに天賦の才を示した、藤原頼通《よりみち》（九九二〜一〇七四）や藤原頼宗《よりむね》（九九三〜一〇六五）を彷彿《ほうふつ》とさせるものと評価をしています。

十二日には、猿楽《さるがく》が催されています。猿楽でも美伊法師はいかんなく才能を発揮して、周囲を驚かせています。翌十三日には、短冊に漢詩を書き記し、それを兼良が批評しています。詩の題は「竜尾硯《りゅうびすずり》」で、中国の詩人蘇東坡《そとうば》の詩集に「竜尾硯歌」と見えるものです。ちなみに「竜尾硯」とは、現在の中国江西省《こうせいしょう》竜尾山の石を加工した良質な硯のことです。このとき兼良は、周囲の僧侶から作詩を勧められますが、韻声《いんせい》（漢詩の押韻《おういん》や四声《しせい》の法則）を忘れたと謙遜《けんそん》していま す。しかし、そういいながらも、きちんと詠んでいるところはさすがというところでしょう。

ところで、兼良は十一日の時点で東軍を率いた細川勝元《かつもと》の訃報に接しています。兼良は美濃国内の名所・旧跡を巡りたかったようですが、軍勢に交通路を遮断されることを恐れ、十四日の段階で急ぎ帰路につくことを決意しています。帰りの行程は省略しますが、兼良は可能な限り名所・旧跡を訪ねながら、和歌や漢詩を詠んでいます。軍勢への危機感を感じながらも、優雅な旅であったといえるのでしょう。

美濃国訪問直後の六月、兼良は意を決して出家します。戒師《かいし》（戒を授ける法師）は経覚が務め、子息尋尊がすべてを取り仕切りました。法号は覚恵《かくえ》。兼良は、もう七十二歳になっていました。

さらにこの年の十一月、兼良は正室の東御方を失っています（『大乗院寺社雑事記』など）。妻が亡くなったのは、滞在中の美濃の地でした。葬儀は盛大に行なわれ、斎藤妙椿も葬儀に際して、一千疋もの大金を寄せています。文明五年（一四七三）は、兼良にとって大きな節目となる一年だったのです。なお、兼良は出家して覚恵と名乗りますが、以下も兼良で統一することとします。

❖命懸けの越前下向

兼良が地方大名のもとを訪れることは少なかったのですが、もう一度その機会がやってきます。文明十一年（一四七九）八月、兼良は越前国の朝倉孝景《たかかげ》のもとを訪問することになるのです。兼良が七十八歳のときです。当時の平均寿命を考えると相当な高齢であり、また今のように交通機関が発達していなかったので、極めて驚倒すべきことでした。兼良が越前国へ向けて出発したのは、八月二十三日のことです（『後法興院記《ごほこういんき》』など）。では、なぜ兼良は越前国の朝倉氏のもとを訪れようと考えたのでしょうか。

実はこの前年、兼良の子息冬良《ふゆら》が右大将に昇任したのですが、一条家は経済的に逼迫しており、参賀《さんが》の費用にも事欠く状況にありました（『晴富宿禰記《はれとみすくねき》』）。先述のとおり一条家領は各地に存在しましたが、越前国には足羽御厨《あすわのみくりや》（福井市）があります。足羽御厨は守護請《しゅごうけ》の地であり、本来は朝倉氏から年貢が運上されるはずでした。しかし、ご多分に漏れず、朝倉氏は年貢を横領し一条家に運上することがなかったのです。兼良は自ら越前国に下向《げこう》し、冬良の参賀の費用を準備しようと考えたのでした。兼良は、息子に恥をかかせるわけにはいかないと考えたのかもしれません。

兼良の悲壮な覚悟は心を打つものがありますが、置かれた現実は実に厳しいものでした。第一に問題となったのは、健康問題です。兼良はあまりに老体であったため、耳が聞こえにくいなど、体調が万全ではありませんでした（『雅久宿禰記《まさひさすくねき》』）。兼良とともに常に行動していた子息の随心院厳宝《ずいしんいんげんぼう》は、兼良が越前国に下向するとの話を聞くと、耳がほとんど聞こえない老体であることを危惧し、同行を拒否する有様でした（『大乗院寺社雑事記』裏文書）。誰もが兼良の越前国下向を危ぶんでいたのです。

第二に問題となったのは、越前国に下向する旅費の問題です。旅費については、子息の尋尊から二千疋を借りることになりました（『大乗院寺社雑事記』）。そもそも旅費に事欠くほどですから、一条家は相当経済的に困窮していたはずです。そうであるからこそ、兼良は執念で越前国下向を決意したのでしょう。後日、尋尊は朝倉氏に書状を送っていますが、それは兼良を気遣って何とか年貢を運上するように記したものであったと考えられます。

出発の八月二十三日を迎えると、兼良は同道する冷泉為富《ためとみ》や扈従《こしょう》（供をする者）たちとともに都をあとにしました。命懸けの兼良の行動は、すべての人から賞賛されたわけではありません。その証左として、官務家《かんむけ》の壬生晴富《みぶはれとみ》は自身の日記『晴富宿禰記』の中で、兼良の越前国下向について次のような感想を書き記しています。

以前、兼良は美濃国の斎藤妙椿のもとを訪れ、今度は越前国朝倉氏のもとへ行くという。一時的に富を得ようとする考えは、末代の恥である。兼良は摂関家の大老であり、才識兼備の誉れがあり、公家も武家も皆尊敬している。それなのに、このように軽率な振る舞いをすることはもってのほかである。

晴富には、兼良の悲壮な決意が屈辱的なものに映ったのでしょう。現実的な一条家の経済的問題は、下級官人である晴富の想像を超えるものがあったに違いありません。以後も兼良と妙椿との交流は続き、文明十年（一四七八）には再度妙椿から兼良に三千疋が贈られているのです（『大乗院寺社雑事記』）。

❖朝倉氏との交流と成果

悲壮な覚悟で越前国へ向かった兼良ですが、現地では朝倉氏から歓待を受けたといわれています。ただ残念なことに、この間の記録を欠くため、いかなる扱いを受けたのかはわかっていません。朝倉氏は文芸や学問への関心が高く、かの有名な連歌師の飯尾宗祇《いいおそうぎ》や公家で儒学者の清原宣賢《のぶかた》を招き、また猿楽の大和四座（金春《こんぱる》・金剛《こんごう》・観世《かんぜ》・宝生《ほうしょう》）の興行を許可するなどしていました。当然、当代随一の大学者である兼良に対しては、相当な配慮がなされたと考えられるところです。

接待は別として、朝倉氏の足羽御厨に対する対応は、極めて現実的なものでした。兼良は足羽御厨をはじめ越前国の一条家領の返付を朝倉氏に求めましたが、これは拒否されました（『長興宿禰記』）。代わりに二万疋《びき》（二百貫）が兼良に与えられました。現在の貨幣価値に換算すると、一貫文が約十万円ですから、二万疋は約二千万円という金額になります。朝倉氏にすれば、手切れ金のようなものだったのかもしれません。兼良はある意味で成果を得たのですが、長い目で見ると敗北を喫したように感じます。

兼良の越前国滞在は、約二ヶ月という長期間にわたるものでした。兼良が無事上洛を果たしたのは、同年閏九月十八日のことです。一定の成果を得た兼良は、一応満足したかもしれませんん。ところが、この様子を冷ややかに見た人物がいました。壬生晴富です。晴富はまたしても自身の日記の中で、「公家の落ちぶれた姿の甚だしいものである」と感想を漏らしています(『晴富宿禰記』)。晴富には、兼良の得た成果が乞食同然に見えたのかもしれません。

❖足利将軍家との関係

兼良が親交を深めたのは、何も各地の大名たちだけではありませんでした。都にいれば、当然足利将軍家との関係は無視できません。

文明二年(一四七〇)九月、足利義政は妻日野富子《ひのとみこ》らが詠んだ和歌の評価を兼良に求めています(『大乗院寺社雑事記』)。当時、応仁・文明の乱はまだ収まっておらず、義政が和歌に興じている点は、いささか無責任な印象が残ります。義政は兼良に敬意を表し、文芸方面では頼りにしていたようです。その七年後、義政は富子と出席した「禁裏七夕御歌合《きんりたなばたおうたあわせ》」の判詞《はんし》を兼良に求めました。判詞とは歌合、句合などで、判者《はんじゃ》が歌や句の優劣・可否を判定し評価したものです。

奈良滞在中の兼良の交渉窓口となったのは、先にも登場した宗祇です。宗祇は兼良との親交が厚く、地方大名との窓口になったこともたびたびありました。

兼良は、富子ともしきりに交流していました。それは、富子が将軍の妻というだけでなく、現実に政治への影響力が強く、経済的に富裕であったことと決して無関係ではありませんでした。文明十年（一四七八）四月、兼良は武家や公家に『源氏物語』を講釈したとの記録がありますが、近日中に富子や畠山氏《はたけやま》に対しても行なうと記されています（『大乗院寺社雑事記』）。このように将軍家や富子に対して、『源氏物語』や『伊勢物語』の講釈が行なわれたことがほかにも知られていますが、これもすべて生活のためであったことは疑いないところでしょう（『宗伍大草紙《そうごおおぞうし》』）。

さすがの尋尊も、兼良が富子らに『源氏物語』の講釈をすると聞くと、「珍しいことである。理由がよくわからない」と記しています。当時、兼良は『源氏物語』などの古典や『江次第《ごうしだい》』などの故実書について講義を行なっていました。講義の相手の多くは、学識のある公家たちでした。兼良は講義をすることにより、将軍家から金品を得ていたのでしょうが、それは子息の尋尊でさえ不審に感じる行為だったのでしょう。

❖将軍足利義尚への指導

兼良は政治への関心が深く、富子に『小夜《さよ》のめざめ』という一書を与えています。同書の目玉は政道（施政の方法）、特に女人政治の肯定を強く打ち出したことにあります。兼良は北条政子が承久《じょうきゅう》の乱（一二二一）で活躍した例を取り上げ、政子の賢政を「道理《どうり》」として説いたのです。

兼良の「女性であっても賢者であるならば、政治を行なうことは道理である」という一節は、富子の心を強く捉えました。

このように卓越した女性政治論を説いた兼良に対して、富子は厚い信頼を寄せるようになります。そこで、富子は子息義尚《よしひさ》のために、政道を説く一書の執筆を兼良に依頼しました。義尚も父義政の影響を強く受け、豊かな教養を育んだ人物です。義尚は三条西実隆《さんじょうにしさねたか》に『色葉《いろは》和歌《わか》集《しゅう》』を、甘露寺親長《かんろじちかなが》に『伊勢物語』を書写させるなど、学問に対する姿勢は旺盛であったように思います。

兼良が義尚に与えた一書には、『文明一統記《ぶんめいいっとうき》』があります。この書物は、六ヶ条に分かれて執筆されています。兼良は同書で静穏な世を期待し、義尚が将軍にふさわしい威勢を保つことを希望しています。その根本精神を鎌倉幕府の基本法典『御成敗式目《ごせいばいしきもく》』に求め、守護人には穏便な者を選ぶようになど、随所に武家政治の要諦を提示しています。さらに、将軍は正邪を明らかにし、信賞必罰を行なうこと、そして慈悲の心を説きました。

兼良は一方で、将軍の教養として芸道に精進し、文武両道であることを勧めています。そこでは、先祖の三代将軍義満《よしみつ》の例を挙げています。最後には、武士たちの寺社本所領への押妨《おうぼう》を止めることを強調しており、幕府の裁判が正しく公平に行なえる者を奉公人に当てるようにとも記されています。いうまでもなく政治の主導権は、武家が完全に掌握していました。兼良は武家政治を否定することなく、正しい政治を義尚に託したといえるでしょう。

なお、同書では、酒の嗜みについても適正にするようにと記されていますが、義尚はそれを守りませんでした。将軍であるがゆえに、酒宴の場も多かったのでしょう。女性との不適切な関係があったことも指摘されています。義尚が若くして酒色に溺れ、短い生涯を終えたのは、よく知られているところです。兼良は、若い義尚の過度な飲酒を危惧したように思います。

兼良はのちに『樵談治要《しょうだんちよう》』を執筆し、義尚に与えています。同書は八ヶ条で構成されていますが、内容そのものは『文明一統記』とさほど変わるところはありません。こうした兼良の政治哲学書というべきものは、いかなる評価が与えられているのでしょうか。尋尊は、父兼良が『樵談治要』を義尚に呈上したことを評して、「犬の前の説経、用に立たざるなり」と述べています。尋尊にとって武家とは、野蛮な動物＝犬のようなもので、高尚な政治哲学を説いても意味がないと感じたのでしょう。この考え方は、尋尊の武家観を示すものとして大変興味深いものがあります。

❖兼良の最期

兼良の真骨頂は、学問にあったといっても過言でありません。『源氏物語』などの古典を講釈した記録は、随所に見られるところです。「芸は身を助ける」といいますが、兼良の卓越した学問が家計を潤したことは事実です。もう少し例を挙げると、周防国守護の大内政弘《おおうちまさひろ》が兼良に対し、文明四年（一四七二）五月に先祖義弘《よしひろ》の画像に賛《さん》（人物の業績を讃える文章）の執筆を依頼したことがわかっています（『大乗院寺社雑事記』）。これは尋尊が仲介したもので、その見返りとして金銭と絹が与えられたようです。大内氏にとって、先祖の画像に兼良が賛を加えることは、大変な名誉だったに違いありません。

その四年後、兼良は政弘に『伊勢物語』の注釈書である『伊勢物語愚見抄《いせものがたりぐけんしょう》』を与えました（『大乗院寺社雑事記』）。こうして兼良は、有力な大名との交流を深めました。文明十年（一四七八）十月、政弘は兼良に三千疋を贈っています（『大乗院寺社雑事記』）。また、その二年後には尋尊を通して、自宅造営のための木材の供出を河内国守護の畠山義就《よしなり》に依頼しています（『大乗院寺社雑事記』）。これらすべては、兼良の生活の支えとなったのです。

文明十三年（一四八一）三月下旬、兼良は風邪気味になり、著しく体調を崩しています（『宣胤卿記《のぶたねきょうき》』）。食事も摂れない有様でした。そして、四月二日に兼良は亡くなりました。八十歳という、当時としては驚くほどの長命を保ちました。遺骸は兼良の遺言に従って、東福寺《とうふくじ》で荼毘《だび》に付されています。兼良の死を悲しむ者は多く、足利義政も現世に執着が失くなったと悲嘆に暮れました。

兼良の晩年は、応仁・文明の乱という未曾有の大乱によって翻弄されました。生活のために古典の書写や講釈を行ない、また地方大名のもとにも積極的に訪れました。それを壬生晴富や実子である尋尊が手厳しく批判したのは、先述のとおりです。しかし、混乱期にあって、積極的に生活の糧《かて》を求めようとした兼良の姿勢は評価されるべきものかもしれません。のちに公家たちは地方に数多く下向しますが、それは兼良の事例を範に取ったものと考えられるのです。

2 非凡な凡人、三条西実隆

❖三条西実隆の略伝

最初に、三条西実隆の経歴について触れておきましょう。実隆は享徳《きょうとく》四年（一四五五）、父公《きん》保《やす》の子として誕生しました。兼良は摂関家という名門の出身でしたが、序章で触れたとおり三条西家は大臣家《だいじんけ》という家格であり、少しばかり格が落ちます。兼良が老境に至って、応仁・文明の乱を体験したのに対し、実隆は青年期に遭遇しています。互いに共通するのは、学問に秀でていたということになるでしょう。

寛正《かんしょう》元年（一四六〇）、実隆は父公保の死によって、わずか六歳で三条西家の家督を継ぐことになります。実隆は十三歳のときに応仁・文明の乱に遭遇し、母とともに鞍馬《くらま》へ疎開するという厳しい経験をしました。そして、母は鞍馬で病歿するという悲劇に見舞われています。家督を継いだとはいえ、実隆はまだ少年に過ぎません。実隆には、このときのつらい体験が心に強く残ったと考えられます。

朝廷における実隆は、後花園《ごはなぞの》、後土御門《ごつちみかど》、後柏原《ごかしわばら》、後奈良《ごなら》の各天皇に仕え、その信任は非常に厚かったといわれています。実隆の働きぶりもあって、永正《えいしょう》三年（一五〇六）には内大臣に任じられました。しかし、将軍家と細川家との間で内紛が激化すると、徐々に実隆の政治への関心が薄くなり、それと同時に三条西家の財政状況も厳しくなっていきます。後述するとおり、実隆は地方大名との交流を通じて、兼良と同様に経済的苦境を乗り切ることになるのです。

ところで、実隆は兼良と並ぶほどの学識を有していました。古典学に関しては兼良の手ほどきを受け、連歌師の宗祇から古今伝授《こきんでんじゅ》を受けています。古今伝授とは『古今和歌集』の解釈の秘伝を受けるもので、誰でもその恩恵に浴したわけではありません。和歌は当時の歌壇で名声を得ていた、飛鳥井雅親《あすかいまさちか》から指導を受けています。実隆の努力もあって、天下に知られる学識を身に付けたのです。「非凡な凡人」とは、実隆が先学の業績を継承した天性の努力家で、中世和学《わがく》の大成者、地域文化への貢献者として評価した、芳賀幸四郎《はがこうしろう》氏の言葉です。実隆の学問は、さらに近世へと引き継がれるのです。

実隆もまた、数多くの著作を執筆しました。兼良と同じく、以下に主要なものを列挙します。

①『源氏物語細流抄《げんじものがたりさいりゅうしょう》』――『源氏物語』の注釈書。
②『装束抄《しょうぞくしょう》』――有職故実書。
③『雪玉集《せつぎょくしゅう》』――実隆の歌集。

そして、著作ではありませんが、忘れてならないのは実隆自身の日記『実隆公記《さねたかこうき》』（以下『公記』と略）です。この日記には、当時の政治情勢をはじめとして、実隆自身の生活が克明に記されています。特に注記しませんが、以下の内容の大半は『公記』に拠るものです。では、『公記』の記事を中心に、戦国時代における実隆の生活を見ることにしましょう。

❖侵食される荘園

いうまでもなく、三条西家の財政を支えたのは、各地にある荘園でした。荘園から納められる年貢が、三条西家の生活を支えていたのです。ところが、頼りとする荘園からの年貢は、時代が進むにつれて納入されなくなります。理由は、現地の守護、国人あるいは武士たちによって、年貢が抑留されるからでした。そのために、実隆は不断の努力をすることになります。すべては生活のためでした。

では、当時の三条西家領は、どのような状況にあったのでしょうか。なお、地子銭《じしせん》、渡場《とば》、座《ざ》*については省略します。

①山城国――石原荘《いしはら》、鳥羽池田荘《とばいけだ》、桂新免河島荘《かつらしんめんかわしま》、富森荘《とみもり》、三栖荘《みす》、美豆牧《みず》
②摂津国――富松荘《とみまつ》
③河内国――会賀牧《あいが》
④丹波国――今林荘《いまばやし》
⑤播磨国――穴無郷《あなし》、大山荘《おおやま》、太田荘《おおた》
⑥備前国――通生荘《かよう》
⑦近江国――加田荘《かだ》
⑧越前国――田野村荘《たのむら》
⑨美濃国――国衙領《こくが》、室田荘《むろた》
⑩尾張国――福永保《ふくながのほう》

三条西家はこれだけの荘園を抱えていましたが、中には西園寺《さいおんじ》家と共有する荘園もありました。もちろん、これだけの荘園を管理するのは至難の業でした。一例を挙げて見たいと思います。明応六年（一四九七）九月、細川政元《まさもと》は山城国守護代に香西元長《こうざいもとなが》を任命しました。元長は荘園侵略で名を成しており、多くの公家たちは畏れおののきました。ただ実隆はこれに怯《ひる》むことなく、近衛家や徳大寺家などと荘園を守るための対策を協議しています。

協議の結果、室町幕府と細川政元のもとに、勅使として勧修寺政顕《かじゅうじまさあき》と正親町三条実望《おおぎまちさんじょうさねもち》を派遣し、元長が荘園侵略を行なわないよう申し入れました。室町幕府と細川政元は申し入れを了承しますが、それが単なる口約束であったことは、のちに発覚することになります。元長は実隆らの要望を無視し、三条西家領の山城国桂新免河島荘の年貢を当面の間五分の一にすると、一方的に通告してきたのです。実隆は「無道の世嘆いて余りあり」と嘆息していますが、もはや幕府には元長の専横を抑える力がなかったのです。

右の事例は、数ある三条西家領の状況の一つを取り上げたに過ぎません。多かれ少なかれ当時の公家は同じような状況にさらされていたのです。とにかく、実隆はただ嘆くばかりにもいきませんでした。この状況を打破し、何とか経済状況を好転させようと努力します。その一つが、文芸活動を通じた武家との積極的な交流でした。

＊地子銭＝領主が荘園で田地を耕作させ、収取する作料や荘園内の地主が田地を小作させて取る小作料のこと（単に荘園からの収入や所有する土地からの収入、土地の使用料も示す）。渡場＝歩渡・渡し船・船橋・駕籠渡などで水上を渡る場所。座＝特権的な同業者の集団で中世、商工業者の組合のこと。朝廷、貴族、寺社などの保護を受け、特定の商品の生産、販売の独占権を持っていた。

❖上原賢家への和歌指導

実隆に古典の指導を乞うた人物として、上原賢家《うえはらかたいえ》（?～一四九六）という人物がいます。賢家は細川京兆家《ほそかわけいちょうけ》の内衆《うちしゅう》上原元秀《もとひで》の子として誕生し、丹波国に勢力基盤を保持していました。のちに賢家は明応《めいおう》の政変（一四九三年）で暗躍しますが、細川京兆家において相当な実力者であったことは疑いありません。賢家は、和歌などにも大変強い関心を示しています。いくつか例を挙げておきましょう。

長享《ちょうきょう》二年（一四八八）十一月、湯山（有馬温泉）で宗世により勧進された「大黒天法楽百首《だいこくてんほうらくひゃくしゅ》」には、波々伯部《ほうかべ》氏ら細川氏の被官人《ひかんにん》（有力領主に従う武将）に混じって、賢家も参加しています（『親《ちか》長卿記《ながきょうき》』）。当時、有馬温泉には公家・武家を問わず多くの人が湯治に訪れ、和歌や連歌に興じることがありました。このほかにも、賢家が和歌会に関わった例は非常に多く見られます。賢家が関わった和歌会で、地方の武将がその富裕振りを示した事例を挙げておきましょう。

延徳《えんとく》元年（一四八九）九月、常陸国の江戸真純《えどまさずみ》が上洛し、飛鳥井栄雅《えいが》邸で和歌・連歌会を催しました。その会には、滋野井教国《しげのいのりくに》や連歌師の猪苗代兼載《いなわしろけんさい》などの和歌・連歌界の実力者はもちろんのこと、実隆や賢家も参加していました。驚くべきは真純の大盤振る舞いで、酒宴での遊興は特筆されるべきものがありました。真純はこうして公家などと交流を深め、常陸国へ帰ってから、都で享受した文化を還元したのでしょう。間接的ですが、田舎領主は地方文化の担い手の一人として、一役買っていたのです。

明応元年（一四九二）十月、その賢家が連歌師の宗祇を介して、実隆に接近してきました。用件は、実隆に『土佐日記』の読み方の指導を乞うものでした。『土佐日記』は、『源氏物語』や『伊勢物語』と並ぶ重要な古典です。実際には現存していませんが、実隆は『土佐日記』の写本を作成して、その研究を進めていました。賢家は、そのことを知っていたのかもしれません。

実隆は「『土佐日記』の読み方については、未だに不安がありますが、断りにくい依頼でもあるので読み聞かせることにしました」と記しています。実隆の学問的な良心がうかがえますが、一方で賢家という権力者の命令には逆らえなかった様子もうかがえます。あるいは、金銭の授受も絡んでいたのかもしれません。いずれにしても、実隆は断れなかったのです。

このとき、賢家はとても珍しいものを持参していました。それは、今は亡き将軍足利義尚が猿楽師広沢尚正に与えた三十六歌仙《かせん》の色紙でした。三十六歌仙とは藤原公任《きんとう》（九六六～一〇四一）

によって選ばれた、柿本人麻呂《かきのもとのひとまろ》、紀貫之《きのつらゆき》、小野小町《おののこまち》ら三十六人の歌人の秀歌百五十首を集成したものです。これを一見した実隆は「これは誠に貴重なものです。絵はもちろんのこと、歌は後光厳院《ごこうごんいん》の宸筆《しんぴつ》かもしれません」と感想を漏らしています。宸筆とは、天皇、上皇、法皇が自筆で書いたことを意味し、非常に貴重なものでした。

あまりに実隆が三十六歌仙色紙を賞賛するので、賢家は「何か抄物《しょうぶつ》（写本）を書いて下さったら色紙を贈呈しましょう」と述べています。賢家は、学者である実隆の好奇心を見事なまでに刺激したのでした。こうして三十六歌仙色紙と交換して、賢家が入手したのが『伊勢物語』です。実隆にとって、『土佐日記』の講釈は本意ではなかったようですが、賢家を通じて、思わぬ収穫を得たというのが本心かもしれません。

❖粟屋親栄と『源氏物語』

古典を熱心に求めたのは、何も上原賢家だけではありません。もう一人、粟屋親栄《あわやちかひで》という人物を取り上げておきたいと思います。粟屋氏は若狭国守護の武田氏の重臣として知られています。その出自は若狭武田氏の庶流《しょりゅう》（分家・別家の血筋）である安田氏の後裔《こうえい》といわれていますが、系譜などについてはあまり詳しくわかっていません。当時、粟屋氏は若狭国に在国していたのではなく、在京していたことが知られています。
文亀《ぶんき》元年（一五〇一）六月、『源氏物語』の講義を受けるため、親栄は実隆の邸宅をたびたび訪れるようになりました。講義に際して、親栄から実隆に何らかの金品が渡されたのは確かだと思います。当初、実隆は『源氏物語』を二・三巻も講義すれば、やがて難しさに音をあげて、来ないようになると高を括っていたようです。しかし、親栄は大野藤左衛門や吉田四郎兵衛などの若狭武田氏の被官人を誘って、根気強く実隆邸に通いました。この熱心さには、実隆も相当驚いたに違いありません。

その後も引き続き、親栄は実隆邸に通い続け、『源氏物語』の講義を受けました、その間、若狭国では土一揆《つちいっき》*が勃発するなど、必ずしも安泰ではありませんでした。土一揆の鎮圧に際して、武田氏は有力な一族を失っています。親栄も軍事行動に動員されたことでしょう。しかし、文亀二年（一五〇二）十月、親栄は長らく中断していた『源氏物語』の講読再開を実隆に依頼し、乙《おと》女《め》巻から読み始めています。その場には、武田氏の被官人も参加しており、熱心さを改めて確認することができます。

親栄の『源氏物語』への熱い思いは、中途半端なものではありませんでした。永正《えいしょう》三年（一五〇六）、若狭武田氏は細川政元とともに丹後国に侵攻を開始します。その陣中には、親栄の姿もありました。同年閏十一月、親栄は陣中から実隆に対し、『源氏物語』帚木《ははきぎ》巻の注釈の書写を依頼しています。その熱心さには、舌を巻くばかりです。親栄は古典に造詣が深く、『愚問賢《ぐもんけん》注《ちゅう》』や『八雲御抄《やくもみしょう》』といった歌論書《かろんしょ》（和歌に関する理論・評論書）を所蔵していたほどです。

このように武将の間に学問熱が高まることで、実隆の懐は何とか潤うようになりました。しかし、親栄の例に見られるように、武将たちにも一時の流行ではなく、熱心に学ぼうとした姿勢があったのも事実です。そうでなければ、両者の関係はとても成り立たなかったでしょう。

＊土一揆＝室町中期に、畿内を中心として起こった農民、地侍の武装蜂起のこと。年貢の減免や徳政を要求して、荘園領主・守護や酒屋・土倉などの高利貸などと武力で争った。

❖赤松氏被官人の芦田友興との交流

何も実隆が関わった武将は、著名な人物のみに限定されません。その一人として、赤松氏の被官人である芦田友興《あしだともおき》を挙げておきます。芦田友興の出自については、ほとんど知られていませんが、丹波国に芦田という地名があって、芦田友興という豪族がいたことがわかっています。また、この芦田氏は、清和源氏の流れを汲んでいるといわれています。芦田友興は『新撰菟玖波集《しんせんつくばしゅう》　実隆本』の奥書の中で「木工助《もくのすけ》　源《みなもとの》　友興《ともおき》」と記されており、源姓を名乗っています。以上の点から、友興は源氏の流れを汲み丹波国の出身とも考えられますが、根拠となる史料を欠いていて断言できません。

友興は、一四九〇年代に突如、赤松氏の有力被官人として史上に登場しました。数々の史料から、赤松氏膝下の奉行人として活動したことを確認することができます。友興は浦上則宗《うらがみのりむね》と連署した奉行人奉書を比較的残しているので、則宗に引き立てられた可能性があります。則宗は赤松氏の家臣の中で、非常に影響力の強い有力な存在でした。友興は赤松氏の中では、新参の被官人に位置付けられます。

友興という人物は、大変文芸活動に熱心であったことが知られています。友興が残した連歌の初見としては、『新撰菟玖波祈念百韻《しんせんつくばきねんひゃくいん》』に十一句入撰したことが確認できます。『新撰菟玖波祈念百韻』とは、『新撰菟玖波集』の完成を祈念するために、明応四年（一四九五）一月六日に連歌師である宗祇の種玉庵《しゅぎょくあん》で催された連歌会の記録です。この連歌会では、宗祇に加えて兼載、柴屋軒宗長《さいおくけんそうちょう》などの一流の連歌師や武将も加わっていました。新参者の友興の存在は、やや場違いな印象を受けます。

『新撰菟玖波祈念百韻』の入撰の句数を確認してみると、宗祇十四句、兼載十三句、宗長十二句という順になっています。一流の連歌師の句が取り上げられるのは、当然といえば当然かもしれません。しかし、驚くべきことに、友興の入撰句数は十一句となっています。武家の中では、ナンバーワンです。この事実について、金子金治郎《かねこきんじろう》氏は「（友興の）作者としての力量はとにかく、それよりも別の要素——地位・財力など——が背景にあるように思われる」と指摘しています。その理由は、のちに触れることにしましょう。

❖『新撰菟玖波集　実隆本』と友興

友興の古典に対する情熱は、尋常ならざるものがありました。例えば、明応四年（一四九五）四月、友興は勧修寺経茂《つねしげ》の仲介によって、飛鳥井雅康《まさやす》の加点による自身の歌集を叡覧《えいらん》（天皇への献上）に供しています（『御湯殿上日記《おゆとののうえのにっき》』）。加点には広い意味がありますが、この場合は何らかの評価を依頼したと考えたらよいでしょう。友興の歌集が当時歌壇に君臨した飛鳥井雅康の加点を得たことも驚きですが、叡覧に供されたという事実も驚倒すべきものがあります。こうした事実は、友興という人物がただならぬ存在であることをうかがわせます。

明応四年（一四九五）九月、準勅撰《じゅんちょくせん》の連歌集『新撰菟玖波集』が完成しました。『新撰菟玖波集』は、大内政弘の奏請《そうせい》によって撰成《せんせい》され、編纂には宗祇、兼載、宗長、牡丹花肖柏《ぼたんかしょうはく》といった連歌師とともに実隆も加わっています。ここで、驚くべき事実に直面することになります。何と友興は『新撰菟玖波集』に十二句も入撰しているのです。この数は非常に突出しており、浦上則宗でさえもわずか三句の入撰に止まっています。友興の実力が思い知らされるところです。

友興の連歌集への入撰には、金子氏の指摘のとおり、地位や財力が背景にあったといってよいと思います。友興は『新撰菟玖波集』の編纂に際して、金品などと引き換えに入撰を依頼したのでしょう。その根拠となる確たる史料はないのですが、状況証拠的なものは残っています。『新撰菟玖波集』の完成から二年後、友興は同書の書写を実隆に依頼しています。友興は実隆と親しくしており、編纂時にはすでに裏から手を回していたのでしょう。そこには金銭の授受もあったと思われます。二年後の『新撰菟玖波集』の書写を依頼した際にも、何らかの金品が実隆に供されたと考えられるのです。

明応六年（一四九七）九月五日、実隆は友興の依頼を受けて『新撰菟玖波集』の書写を開始しました。約一ヶ月で上冊の書写を終えると、続けて下冊の書写に取り掛かっています。下冊の書写が完成したのは十一月七日なので、上・下冊の書写には約二ヶ月を要したことになります。書写を終えて同書を受け取った友興の喜びは、計り知れないものがあったと想像されます。

この『新撰菟玖波集』は、のちに友興の子息で書写山円教寺《しょしゃさんえんぎょうじ》の僧侶である禅院坊静順《ぜんいんぼうせいじゅん》に伝わったことが判明しています。その後、さらに藤原友信《とものぶ》という人物の手に渡り、永正十五年（一五一八）の段階で公家の橋本公夏《はしもときんなつ》の手にありました。現在は、天理大学附属天理図書館の所蔵するところとなり、『新撰菟玖波集　実隆本』と称されて貴重な史料となっています。また、友興はたびたび実隆に古典の書写を依頼したことが知られ、中には鎌倉時代に活躍した歌人である藤原定家《さだいえ》の歌論書『詠歌大概《えいがのたいがい》』も含まれています。

友興が交流を深めたのは、実隆だけではありません。連歌師宗祇とも親しい関係にありました。その一端は、『老葉《わくらば》』(連歌集)や『浅茅《あさじ》』(連歌論書)といった宗祇の著作に友興の名が見えることによって明らかです。実のところ、実隆と宗祇は大変に親しく、その縁によって友興と宗祇は親交を深めたのかもしれません。友興は無名な人物ながらも、戦国期における日本文化の発展に大きく貢献したのです。

❖播磨国における友興の地位

友興がなぜ実隆と入魂《じっこん》であったのか、またなぜ経済的に潤っていたのか。この点を明らかにするために、赤松氏内部における友興の地位、播磨国の三条西家領の状況と友興の立場についてそれぞれ考えてみたいと思います。

そもそも友興は、守護赤松氏の領国の中でいかなる職務を担当していたのでしょうか。『蔭《いん》涼《りょう》軒《けん》日《にち》録《ろく》』の延徳元年(一四八九)八月二十八日条によりますと、友興は同じ赤松氏の被官人薬《やく》師《し》寺《じ》貴《たか》能《よし》とともに段銭《たんせん》徴収に関わっていたことがわかります。段銭とは税の一種で、もともとは国家的な行事や寺社の造営費用を賄うため、臨時に徴収されました。室町期に至って、守護も課すようになり、やがて恒常化するようになります。友興は、赤松氏の経済官僚的な役割を果たしていたことが判明します。

友興が段銭の賦課や免除に関わっていた史料は、「九条家文書」や「大徳寺文書」でも確認することができます。おおむね明応四年（一四九五）頃まで、友興は段銭奉行として、その地位にあったようです。その後、友興は浦上則宗とともに、在京奉行人へと転身することになります。在京奉行人は守護赤松氏の膝下にあって、領国内の訴訟などを扱う職務を担当していました。身分的には、上昇したことになります。つまり、友興は新参の被官人でありながら、急速に地位を高めたのです。

残念なことに、友興の具体的な所領などについては明らかにできません。その実態は不明ですが、少なからず所領を保有していたことは想像できるところです。むしろ友興の場合は、段銭奉行や在京奉行人という地位によって、さまざまな利権がもたらされたと考えられます。公家や寺社が段銭免除を得ようとする場合、少なからず礼銭が必要でした。友興は職務を通じて礼銭を得て、さらに公家や寺社関係者との人脈を広げたのでしょう。

実のところ、実隆は播磨国に家領荘園を保持していました。何とか経営維持を行なっていきたいというのは、間違いなく本音であったといえますが、実隆個人の力ではどうにもなりませんでした。そこに、実隆と友興との接点があったように思います。以下、もう少し具体的に見ていきましょう。

❖播磨国における三条西家領

三条西家領に関しては、四六頁に掲出しておきましたが、ここでは播磨国に限定して、もう少し詳しく確認しておきましょう。

①穴無郷――現在の兵庫県姫路市に所在。実隆は、公文職《くもんしき》(荘園から年貢の徴収を行なう職)を保持していました。穴無郷は、実隆の妻の実家である勧修寺家の「分割の地」でした。この地の代官は、赤松氏の被官人中村氏が務めており、毎年一千疋の年貢が納められていました。その後、代官は是安《これやす》氏、小寺《こでら》氏が務めています。

②大山荘――現在の兵庫県神崎《かんざき》郡神河《かみかわ》町に所在。大山荘の代官は、もともと安丸《やすまる》氏が務めていました。しかし、十五世紀後半に山名氏が播磨国に侵攻すると、その有力な被官人である太田垣《おおたがき》氏が安丸氏に代わって代官を務めました。山名氏の撤退後、天龍寺の僧侶が代官を務めていましたが、結局は旧代官の安丸氏の子息が引き継いでいます。

③太田荘――現在の兵庫県揖保《いぼ》郡太子《たいし》町に所在。太田荘については、次節で詳しく述べます。

このように、実隆は播磨国に家領を保持していましたが、いずれも代官が次々に変わっていることがわかります。時代が進むにつれて武家勢力が強大化すると、荘園からの年貢納入が滞りがちになりました。三条西家も例外ではありません。一部の公家は、「直務《じきむ》」と称して現地に赴き、自ら荘園管理に当たりました。そうした例は、第二章で触れることにします。しかし、実隆は決して現地に下ることがありませんでした。では、どのように対処したのでしょうか。太田荘を事例にして、次に述べることにしましょう。

❖播磨国太田荘の事例

太田荘は西園寺家と共有された荘園で、年貢の三分の一に相当する一千疋が三条西家の取り分でした。特殊な領有形態の荘園といえます。太田荘に関しても、代官をめぐって実隆は頭を悩ませていました。ちょうど頭を悩ませている最中、実隆は友興との関係を深めることになります。

実隆が友興と親密になるのは、先述のとおり『新撰菟玖波集』の書写の依頼を受けた明応四年（一四九五）頃であると思います。同じ年、友興はなぜか実隆に対して、二百疋を贈っています。実隆は「思いがけないことだ」と警戒し、「返却すべきであろうか」と考慮しますが、結局はこれを受け取っています。しかし、何の意味もなく友興が金銭を渡すとは、とうてい考えにくいところです。友興が実隆に古典書写の依頼をすべく布石を打ったことは、明白です。

二人の関係は、三条西家領をめぐって展開することになります。翌明応五年（一四九六）九月、実隆は太田荘の件に関して、友興に書状を送っています。書状の中身は伝わっていませんが、年貢の徴収や代官をめぐる相談であったことは、ほぼ間違いありません。しばらくすると、赤松氏庶流の広岡入道道円《どうえん》（天遊軒《てんゆうけん》）なる人物が太田荘代官職を所望してきました。広岡氏は龍野《たつの》赤松氏のもとで、揖東《いっとう》郡郡代を務めるなど有力な存在でした。実隆はこれを承認し、広岡氏は太田荘代官になりました。

広岡氏が太田荘代官になった背景には、友興の仲介があったように思います。広岡氏は非常に良心的な代官であったようで、以後は年貢をきちんと納入しています。年貢の納入に際しても、友興の助力があったのではないでしょうか。その見返りとして、友興は古典の書写を実隆に依頼をしているのです。実隆にとって、身分の低い友興などは取るに足りないような存在だったかもしれません。しかし、実際の生活では非常に有用な人物でした。実隆は冷酷な現実を噛み締めながら、友興のために古典の書写を行なったのです。

❖学問に打ち込む日々と実隆の最期

実隆は学問に打ち込み、古典の収集にも熱心に取り組んでいました。明応七年（一四九八）、実隆は赤松氏の被官人浦上則宗に対して、冷泉為忠《ためただ》の奥書のある『古今和歌集』を贈呈しています。この『古今和歌集』は、かつて冷泉為忠が赤松則祐《そくゆう》に家説を授けた際に与えたという由緒あるものでした。則宗は翌年、お礼として実隆に一千疋を贈っています。赤松氏に関わる古典を贈呈するところなどは、実隆の心憎い配慮です。

実隆が関わったのは武家だけではなく、当時の学者などとも古典の講読をたびたび催していることを確認できます。例えば、公家の清原宣賢、高辻章長《たかつじあきなが》、五条為学《ごじょうためざね》らとは、『貞観政要《じょうがんせいよう》』『古文真実』『文選《もんぜん》』『毛詩《もうし》』などを講読しています。これらは、中国の古典です。また、宗祇、肖柏らとは、『源氏物語』『伊勢物語』『古今和歌集』の講読を行なっています。改めて指摘するまでもないですが、実隆は和漢の学問に通じていたのです。

こうして学問に打ち込むことが、実隆の評価を高め、同時に武家からの古典書写の依頼を増加させることになりました。それらが実隆の家計を潤したのは事実ですが、同時に地方文化に寄与したことにも注目しなくてはなりません。古典に親しんだ地方大名は、やがて京都から公家を招いて、講義を受けるようになります。この点については、第二章で触れることにしましょう。

ところで、実隆は戦国乱世について、どのように感じていたのでしょうか。『公記』を読んでいますと、現状を嘆く言葉が溢れています。世は戦いで乱れ、守護・国人などによる荘園侵略が行なわれ、土一揆も頻発しました。また、放火、殺人、強盗も日常茶飯事に起こっており、庶民も苦悩に喘いでいました。こうした非情な現実を前にして、実隆や公家たちはなす術《すべ》がありませんでした。

厳しい現実の前に、実隆は無力でした。こうした現実から逃れるために、実隆は学問に打ち込み、積極的に政治に関与する姿勢は見せていません。ふと現実に立ち返ると、「蒼天《そうてん》を仰いで嘆息《たんそく》」するというのが常でした。『公記』には、実隆の無力感を伝える言葉が数多く記されています。時代に乗り遅れ、自らは変革することを拒否し、現実から逃避するのが実隆の態度だったのかもしれません。

実隆は晩年に至るまで勉学に励み、多くの人と交流しました。心の底から、学問を愛していたのでしょう。しかし、天文《てんぶん》六年（一五三七）十月三日、八十三歳という当時としてはかなりの長命で世を去りました。長命であったのは、兼良と同じでした。墓所は、二尊院《にそんいん》（京都市右京区）にあります。

第二章　地方に下る公家たち

1　放浪する歌人、冷泉為広

❖冷泉為広の略伝

戦国時代に和歌界のトップにありながら、各地の大名のもとを訪れた公家がいます。その人物こそ、冷泉為広《れいぜいためひろ》（一四五〇〜一五二六）です。まず、冷泉為広の履歴をたどることにしましょう。冷泉家の先祖をたどると、有名な歌人藤原定家《ふじわらのさだいえ》（一一六二〜一二四一）に行き着くことになります。藤原定家といえば、勅撰和歌集である『新古今和歌集』の編集に携わった一人として著名な人物です。自選歌集の『詠歌大概《えいがのたいがい》』や歌論書『近代秀歌《きんだいしゅうか》』は、定家の歌人としての優れた一面をあらわしています。優れた歌人としての定家は、後世の和歌界に多大なる影響を残しました。

定家の日記『明月記《めいげつき》』は、鎌倉時代の政治史のみならず、公家社会を知るうえでも貴重な史料です。九条兼実《かねざね》の日記『玉葉《ぎょくよう》』と並び、極めて重要な日記史料として位置付けられています。為広が定家という優れた歌人を先祖とし、その血を受け継いだ人物であることを確認しておきたいと思います。

冷泉家の家系は、少しばかり複雑です。定家の子息には、三男の為相《ためすけ》がいました。この為相の興した家が冷泉家なのです。為相から四代目を経て、為之《ためゆき》が上《かみ》冷泉家を、持為《もちため》が下《しも》冷泉家をそれぞれ興しました。厳密にいえば、冷泉家は上・下の二つに分かれていたのです。

◆冷泉家系図

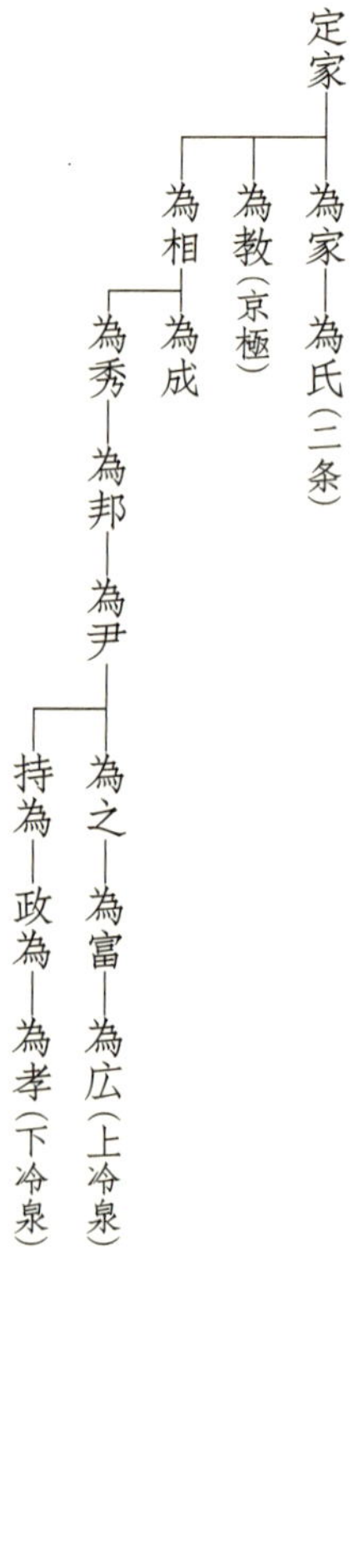

為広は、上冷泉家に属していました。上冷泉家と下冷泉家に共通するのは、家領が播磨国に

あり、戦国期にはともに播磨国に下っていたことです。和歌に優れていたことも共通点といえるでしょう。下冷泉家に関しては、第三章で触れることにしたいと思います。なお、本章では煩雑さを避けるため、上冷泉ではなく単に冷泉と表記します。

宝徳《ほうとく》二年（一四五〇）、為広は為富の子として誕生しました。残念ながら、母のことはあまりわかっていません。父為富は、冷泉家という歌壇の名門に生まれたのですが、歌人としては凡庸であったといわれています。和歌の世界では、目立った業績を残しておらず、影の薄い存在であったといえます。

当時、冷泉家と並んで歌壇に君臨していたのは、飛鳥井《あすかい》家でした。歌人としての為富が振るわなかったため、冷泉家は飛鳥井家の台頭を許すことになります。為広が成長した頃は、飛鳥井家が全盛を誇っており、冷泉家が一番厳しい時期であったかもしれません。為広は大きなハンディ・キャップを背負わされていたのです。

❖歌人為広の業績

為広の歌人としての業績は、どのように評価されていたのでしょうか。為広の歌集としては、『前大納言為広卿詠草《さきのだいなごんためひろきょうえいそう》』があります。この歌集は、永正《えいしょう》元年（一五〇四）から三年、そして十三年の四年間にわたる為広の和歌が収録されています。しかし、『前大納言為広卿詠草』には錯簡《さっかん》（順序が入れ替わっていること）があると指摘されており、年代確定が難しいところがあるのも事実です。

従来は、『続群書類従《ぞくぐんしょるいじゅう》』第十六輯上や『私家集大成《しかしゅうたいせい》』六、『新編国歌大観《しんぺんこっかたいかん》』八に収録されていたものが利用されていましたが、現在は『冷泉家時雨亭叢書《れいぜいけしぐれていそうしょ》』第十一巻に収録されたものが用いられています。同書は、冷泉家時雨亭文庫（京都市上京区）の調査に基づき、新たに翻刻された貴重なものです。本章でも、『冷泉家時雨亭叢書』に収録されたものを使いました。

中央政界における為広の評価には、いかなるものがあったのでしょうか。為広の任官状況は、父為富と比較して順調であったといわれています。為広の出世が順調であったのは、ときの将軍足利義尚と親密な間柄にあったことが理由とされています。昇進が単に朝廷内の評価に止まらず、武家との関係も影響を及ぼしたのですが、この点は後述します。ただし、冷泉家は公家のランクでいえば名家《めいけ》に属しており、さほど高い家柄ではありませんでした。したがって、出世といっても限界がありました。

義尚の援護があり、相応の地位を確保した為広ですが、義尚が亡くなると事情が一変します。長享《ちょうきょう》三年（一四八九）三月、義尚の後継者として義視《よしみ》の子義稙《よしたね》（当初は、義材《よしき》、義尹《よしただ》）が将軍になると、為広は幕府主催の歌会から徐々に距離を置くようになります。為広はかつて細川政元《まさもと》と越後国に下ったほど仲が良かったのですが、政元と義稙はそりが合わなかったようです。ここからは、将軍の交代が、歌壇に対して少なからず影響を及ぼしていた様子をうかがうことができます。

明応《めいおう》二年（一四九三）に細川政元が堀越公方《ほりこしくぼう》である足利政知《まさとも》の子義澄《よしずみ》を奉じて入京すると（明応の政変）、事態は為広へ有利に展開しました。先述のとおり、為広と政元の関係が良好だったからです。為広は、再び幕府や朝廷の和歌会にも積極的に参加するようになり、往時の力を取り戻しました。その事実は、義澄によって為広が歌道師範、和歌宗匠に就任したことにあらわれています（次掲史料）。

❖和歌の宗匠

和歌の師範になることを天皇に取り成したところ、勅許《ちょっきょ》（天皇の許可）を得ることができました。大変めでたいことです。私も長く門弟であるので、これからも親しく指導いただきたいと思います。謹言。

（文亀二年）八月二十六日　（足利）義澄（花押）

（為広）冷泉殿

※「冷泉家古文書」（『冷泉家時雨亭叢書』五十一巻）

歌道師範、和歌宗匠に任命されるには、天皇の許可が必要でした。それを強力に後押しするためには、まさしく将軍義澄の権力が影響していたのです。このように和歌宗匠、和歌師範に返り咲いた為広は、再び和歌界に君臨し、飛鳥井家から歌壇における宰領《さいりょう》の地位を取り戻したのです。

では、為広の和歌は、どのように評価されていたのでしょうか。為広は『万葉集』や漢詩文の造詣が深く、家風にもその影響が見られると指摘されています。しかし、『万葉集』の影響といっても、語法や語句の面に偏っていて、力強い万葉調の域に達していなかったともいわれており、漢詩文についても、それを凌駕するような作品を残していないとの指摘があります。

為広は、むしろ『玉葉和歌集《ぎょくようわかしゅう》』（正和《しょうわ》二年・一三一三年成立）以後の勅撰集に新しい素材を求め、感覚的な詠風を学んだとされています。冷泉歌風の特長として「耳に立つ詠みぶり」がありますが、為広は冷泉家嫡流《ちゃくりゅう》（本家の血筋）として、それを継承しようとしていたのです。しかし、為広の和歌は洗練された優雅な歌が多く、冷泉歌風の特長を主張し得なくなったとも指摘されています。実際のところ、為広の和歌は、現代ではあまり評価されていないのです。和歌の世界でも形式が優先され、大胆さや斬新さに欠けていたのかもしれません。

永正五年（一五〇八）、頼みとしていた義澄が都を追われ、近江国に逃亡しました。前年に細川政元が暗殺され、義稙が再度入京したためです。同時に義澄と政元という柱を失った為広は、出家して宗清《そうせい》と号しました（以下も「為広」で統一します）。以後、幕府や朝廷の歌会には、出席しないようになりました。政治的なことには、嫌気が差したのかもしれません。表舞台を避けるようになった為広は、地方の大名に招かれて、各地を訪問することになります。それが本章の主題です。

❖門人たちの誓い

為広には、多くの門人がいました。為広に限らず、和歌に優れた公家はそれぞれ門人を抱えていました。為広は和歌を指導することによって、収入の一部としていたのです。一般的に歌人の門人となる人々は、次のような誓状を提出し、和歌の精進を誓っています。

今日から歌道の門弟であるので、諸事を疎略にすることなく、一言でさえもおっしゃることに背くようなことはございません。もし、偽るようなことがありましたら、日本国中の大小神祇、中でも住吉・玉津嶋《たまつしま》明神の罰を受けることになりましょう。このことを起請文として認《したた》めます。

永禄《えいろく》十年

二月二十二日

岡本備中守殿

富樫《とがし》小《こ》次郎《じろう》

氏増《うじます》(花押)

※「冷泉家古文書」(『冷泉家時雨亭叢書』五十一巻)

為広の代にはよい事例がないので、永禄十年(一五六七)の誓状《せいじょう》を挙げておきました。差出人の富樫氏は、加賀国守護の系譜を引く人物と思われますが、詳しいことはあまり知られていません。宛先の岡本氏は、冷泉家の家司《けいし》(家人)です。

内容は、富樫氏が冷泉家に和歌の指導を受けるに際しての誓約書で、起請文《きしょうもん》という体裁を採っています。起請文とは自分の行為、言説に関して、嘘や偽りのないことを神仏に誓い、相手に表明する文書のことです。前段は厳守すべき事項を記しており、後段はもしこれに違背《いはい》(=背くこと)すれば、神仏の冥罰《めいばつ》を蒙る旨を記した神文《しんもん》(=誓詞《せいし》)の部分から成っています。

ちなみに住吉《すみよし》大社(大阪市住吉区)は、摂津国一宮《いちのみや》でもあり、和歌の神を祀っていました。同社の歴代宮司である津守《つもり》氏は、優れた歌人として有名です。玉津嶋神社(和歌山市)も住吉大社と同様に、和歌の神を祀っていました。住吉大社と玉津嶋神社に柿本《かきもと》神社(兵庫県明石市)を加えて「和歌三神」と称されており、和歌の世界では重んじられました。つまり、武将たちが入門する場合には、和歌の神へ誓約することが必要だったのです。さらに起請文を提出させることにより、指導者としての権威を高めたのです。

先述したとおり、為広には各地に数多くの門人がいました。以下、能登国畠山《はたけやま》氏や播磨国赤《あか》松《まつ》氏の事例を取り上げて、為広と彼ら武将との文芸を通じた交流について詳しく述べることにします。

❖能登国畠山氏と文芸

為広と深い交流のあった人物として、畠山義総《よしふさ》の名を挙げることができます。義総は為広のみならず、公家など多くの文化人と入魂となり、古典の書写を依頼されたり講義を受けたりしています。

では、義総とは、いかなる人物だったのでしょうか。能登国畠山氏は管領《かんれい》を務めた本家から分かれ、長らく能登国守護として君臨しました。義総は、延徳三年（一四九一）に慶致《よしむね》の子として誕生しています。しかし、畠山氏内部では内紛が続いており、義総はのちに伯父である義元《よしもと》の養子となりました。義元歿後の永正十二年（一五一五）、義総は家督を継承し、能登七尾《ななお》城（石川県七尾市）を本拠に定めました。

七尾は能登半島の中心部に位置しており、湾に面しています。七尾は重要港湾、そして交通の要衝地として栄えています。もちろん海の幸にも恵まれていました。能登七尾城は堅固な城であるとともに、城下で商工業者を積極的に保護したので、小京都と称されるほど発展を遂げました。城下の発展は人々の交流を活発にし、経済のみならず文化の発展も促します。能登七尾城には多くの公家や僧侶が下向し、文字どおり小京都の様相を呈していました。

義総自身も優れた教養を持ち、京都の伝統文化を摂取するのに熱心でした。為広との交流に触れる前に、その一端を示すことにしましょう。永正十一年（一五一四）、義総は三条西実隆邸を訪問し、『源氏物語』を聴講しています（『実隆公記』）。この記録が義総と文芸に関わる最初のものと考えられますが、以後、義総は文芸、とりわけ『源氏物語』に執心するようになります。

永正十七年（一五二〇）三月、実隆は秘蔵する『源氏物語』を三千疋で義総に譲り、その翌月には『源氏系図』の写本を譲り、さらに『弄花抄《ろうかしょう》』（『源氏物語』の注釈書）を贈っています（『実隆公記』）。義総は『源氏物語』を本格的に学ぶため、参考となる書籍を求めたのです。そのためには、惜し気もなくお金を使いました。義総の『源氏物語』に対する熱い思いが伝わってきます。

義総は実隆と文芸を通じた交流を続けますが、その中でも特筆すべきは義総が『源氏物語』

の注釈書『細流抄《さいりゅうしょう》』の成立に関わったことです（以下『実隆公記』による）。『細流抄』は『源氏《げんじ》聞書《ききがき》』と並ぶ三条西家の『源氏物語』の注釈書で、大永《たいえい》五年（一五二五）から同八年（一五二八）の間に原形が成立したといわれています。この前後、義総は実隆に『源氏物語』の書写を求めており、その中に『細流抄』もあったと考えられていますが、この義総が所持した『細流抄』は火災で失われたようです。もし残っていれば、『源氏物語』を研究する上での貴重な資料となったはずです。

❖為広の能登国下向

義総は『源氏物語』をはじめとする古典に強い関心を示しており、多くの文化人を招きました。七尾が京都と遜色ない高度な文化を擁したことは、すでに触れたとおりです。為広もその一人で、実隆と同様に親しく義総と交わっていました。為広の能登国下向に関しては、『為広《ためひろ》能《の》州《しゅう》下向《げこう》日記《にっき》』（冷泉家時雨亭叢書）に記されていますので、特に断らない限りは同書に基づいて述べることにします。

為広が七尾城の畠山義総のもとを訪れたのは、永正十四年（一五一七）秋のことです。為広は、すでに六十八歳という高齢になっていました。為広が高齢でありながらも、能登国をはじめとする諸国に下向した理由は、あまり明確になっていません。しかし、単に為広が旅行好きであったという理由はあたらないと思います。当時は、現代のように交通機関が発達しておらず、旅は苦難の連続であり、危険も伴いました。道中で賊に襲われたり、事故や病気などによって落命することも珍しくなかったからです。

むしろ為広が下向した理由は、地方で古典の書写や享受を行ない、経済的な安定を得ることが第一義であったと思います。つまり、自らが保持する荘園が武士らに侵食される中で、為広が生活の糧を得るほぼ唯一の手段だったのです。後述しますが、為広は義総から少なからず謝礼を受け取っています。こうした活動が冷泉家の家名保持や存続へ繋がったことは、いうまでもありません。さらに、地方では考えられないような歓待を、為広は受けていました。

実際に『為広能州下向日記』を見てみると、当主の義総はもちろんですが、為広はその被官人とも交流を深めています。被官人らは、競って和歌宗匠である為広への歌道入門を乞いました。被官人からすれば、為広は和歌界の「スーパー・スター」だったに違いありません。入門の際には、為広に「銭百疋」あるいは「礼銭」が謝礼として贈られています。このほかにも、折に触れて為広には、被官人から多くの進物が贈られています。

為広は贈ってくれた人の名前や金額を書き留めていますが、その合計額は「百五十九貫」でした。一貫文が現在の貨幣価値に換算して約十万円といわれていますので、約千五百九十万円ということになります。この金額はかなりの高額であり、冷泉家の財政を潤したのは、ほぼ間違いないでしょう。

むろん金銭だけではなく、食糧も贈られています。贈られた品々で珍しいものを列挙しておきましょう。

①イリコ（煎海鼠）――ナマコの腸を取って干したもの。
②ヒシクイ（菱食）――雁の一種。真雁《まがん》よりも大きい。
③セワタ（背腸）――鮭の背骨に付着する血液を原料とした塩辛。

このほかにも、タラの塩引、魚子《ななこ》などを贈られています。七尾城は湾に面していたので、海産物が豊富だったのです。いずれも保存食品のようですが、生で食したものもあったかもしれません。金銭のみならず、食糧を得ることも、為広にとっては大変ありがたいことだったでしょう。

為広は義総との親交を深める中で、ある依頼をされています。義総は、藤原定家自筆の『後《ご》撰和歌集《せんわかしゅう》』を所持していました。『後撰和歌集』は、天暦《てんりゃく》五年（九五一）に村上天皇の命によって編集された、『古今和歌集』に次ぐ勅撰和歌集です。贈られた『後撰和歌集』は定家自筆でもあり、大変貴重なものでした。この『後撰和歌集』の入手ルートはわかりませんが、義総が金に物をいわせて購入したものなのでしょう
ところが、この『後撰和歌集』は「乱失」があったと記されています。何らかの理由によって、文中に失われた部分があったようです。そこで、義総は為広に「乱失」を補うように依頼し、為広の子息為和《ためかず》が冷泉家本でその部分を書き改めています。そして、さらに為広が奥書を書いているのです。義総にすれば、これほどうれしいことはなかったに違いありません。

❖赤松義村のこと

為広が能登国と同様に頻繁に下向していたのは、播磨国でした。為広といちばん接点があったのは、赤松義村《よしむら》（?～一五二一）でした。最初に、赤松義村の略伝について、触れておきたいと思います。

義村は、赤松七条《しちじょう》家の政資《まさすけ》の長男です。ただ、生年には諸説があり、未だに確定していません。義村に転機が訪れたのは、明応五年（一四九六）のことでした。この年、赤松氏当主である政則《まさのり》が亡くなり、義村が急遽後継者に擁立されたのです。このとき少年であった義村には、ほとんど意味がわからなかったかもしれません。

本来、赤松氏の播磨国、備前国、美作国守護職の補任は室町幕府が決定するところなのですが、この頃は逆に赤松氏の有力な家臣が後継者を決定し、これを幕府が追認する形になっていました（『書写山旧記《しょしゃさんきゅうき》』）。当時の守護の補任権は、半ば守護の有力家臣の掌中にあったのです。義村はまだ少年でしたので、止むを得ないところだったのでしょう。以後、義村は家臣らの制約を受けながら、政治に携わることになります。

義村が播磨国など三ヶ国守護に就任すると同時に、大きな影響力を持った人物がいます。亡き政則の妻である洞松院尼《どうしょういんに》（細川勝元の娘）でした。洞松院尼は義村の後見人として、守護の意を奉じる奉書《ほうしょ》を多数発給し、支配を進めています。女性としては珍しく黒印状《こくいんじょう》（黒色の印肉で捺した印影のある公文書）を用いており、その権力者振りから「女戦国大名」と称されることもあります。駿河国今川氏輝《うじてる》の後見人であった、寿桂尼《じゅけいに》と並び称される存在です。

ただし、洞松院尼の場合は、正式な奉書を用いていますので、決して専横な振る舞いをした訳ではありません。あくまで守護である義村の意を奉じることを基本とし、それ以上の独自の政策を実行してはいないのです。義村が成長した永正十二年（一五一五）頃には、その奉書も見られなくなります。洞松院尼は、あくまで中継ぎ役に徹していたと考えるべきでしょう。

義村は優れた教養人であったことが知られています。例えば、赤松義村の三十三回忌の際、ゆかりの人物である仁如集堯《にんにょしゅうぎょう》は、義村が和歌や書道に熟練していたと述べています（『縷氷《るひょう》集《しゅう》』)。義村の三十三回忌という点を考慮すると、多少は義村を顕彰した点を割り引いて考えるべきかもしれませんが、それなりの実力は有していたように思います。

近世に成立した『播陽万宝知恵袋《ばんようまんぽうちえぶくろ》』(天川友親《あまかわともちか》編)という書物には、のちに編纂されたと思しき和歌集を多数収録しています。その中に、義村の和歌を数多く確認することができます。このほかに義村は、『サヽメ言』(内容は不明)や有職故実書である『秘事枕《ひじまくら》』の著者であったことが知られています。ただ、それぞれの著作の中身に関しては、疑問点もあるので、今後十分に吟味されるべきでしょう。

❖義村と為広

義村と為広とは、どのような関係にあったのでしょうか。その初見は、永正六年(一五〇九)までさかのぼることになります。この年、為広は赤松二郎(義村)の所望によって、飛鳥井雅親《あすかいまさちか》の筆による『玉葉和歌集《ぎょくようわかしゅう》』を譲っています。これまで、この赤松二郎は政村《まさむら》(のちの晴政《はるまさ》)と考えられていましたが、年代的にも矛盾するので誤りです。この頃の義村は、まだ十歳前後の少年であり、子供がいたとは考えられないからです。

つまり、十五世紀初頭の段階から、為広と義村は接触していたのです。その後、二人の関係は、どうなったのでしょうか。その点は、『前大納言為広卿詠草』などの和歌集や史料に記録されています。以下、特に断らない限り『前大納言為広卿詠草』を用いますが、『冷泉家時雨亭叢書』には「雑記」と称される貴重な史料が収録されているので、こちらも積極的に活用することにします。

従来、為広が播磨国に下向していたのは、『前大納言為広卿詠草』の記載に基づき永正十三年（一五一六）の一年のみであると考えられていました。しかし、「雑記」によると、為広の播磨国下向が複数年あったことが確認できます。実際に為広が初めて播磨国に下向したのは、永正十一年（一五一四）のことでした。次に、その概要を示しておきたいと思います（いずれも「雑記」による）。

①永正十一年（一五一四）九月～十二月――赤松義村邸で和歌会を開催。
②永正十一年（一五一四）十一月――赤松政村（のちの晴政）の乳母の懇望により古典を書写。
③永正十一年（一五一四）十二月――播磨国が田舎であるため、出題が不便であろうとして、『明題抄《めいだいしょう》』を書写して与える。

このような細かい記録を見る限り、遅くとも永正十一年（一五一四）九月に為広が播磨国に下向したのは確かなことといえるでしょう。この中で②について補足すると、「雑記」には為広が老眼という厳しい状況にありながらも、必死の思いで古典を書写した様子が記されており、乳母の懇望をどうしても断れない事情があったものと推察されます。当時の為広は、六十五歳という高齢でした。

③に関しては、通常の和歌会では題詠、つまりあらかじめ設定された題に基づいて、歌が詠まれました。しかし、出題や作歌の手本というのは、そんなにあるわけでもありません。播磨国のような田舎ではなおさらでしょう。そこで、『明題抄』を参考にして、出題や作歌をするのです。赤松氏やその被官人にとって、『明題抄』はありがたい書物であったに違いありません。

永正十四年(一五一七)二月、為広は義村からの懇望によって、『拾遺愚草《しゅういぐそう》』三冊を贈ったことが知られています。『拾遺愚草』は藤原定家の歌集として知られ、建保《けんぽう》四年(一二一六)に成立しています。定家はそれに飽き足らず、出家する天福《てんぷく》三年(一二三三)まで増補を続けています。定家の和歌への執念を感じるところです。それだけにいっそう高い価値があったのです。

為広は『拾遺愚草』を義村へ贈呈する際に、定家の自筆本との校合《きょうごう》(校正)を行なっています。為広は六十八歳だったので、以前にも増して厳しい作業であったと考えられます。これまでにも述べてきたとおり、こうした歌集は現在のように易々と入手できるわけではなく、手作業で作られたのです。垂涎《すいぜん》の書であったことは間違いありません。義村はこの書を手にしたとき、きっと感涙に咽《むせ》んだことでしょう。
これ以外に義村が為広と和歌に関わったものとしては、次の記述を確認することができます（「雑記」）。

永正十五九廿八於赤兵当座　霞・鹿・水

これだけでは、内容がわかりにくいので、簡単に解説しましょう。冒頭の「永正十五九廿八」とは、永正十五年（一五一八）九月二十八日のことです。このことから、為広が永正十五年九月に播磨国に在国していたことがわかります。続く「赤兵」とは「赤松兵部少輔《ひょうぶしょうゆう》」の省略形で義村のことを意味します。

「当座《とうざ》」は、歌会の場で出題されることで、このときの題が「霞・鹿・水」なのです。この言葉を歌に織り込んで作歌をするのです。これ以外にも義村と為広が歌会を催した記事が散見されますが、年代が記されておらず、特定は困難です。また、永正十六年（一五一九）にも、為広が播磨国に下向した記録があり、同年をもって為広と播磨国に関わる記事は見えなくなります。

❖赤松氏被官人との交流

為広と赤松氏被官人とは、いかなる関係にあったのでしょうか。次に、この点を確認しておきましょう。

為広が赤松氏被官人の在田《ありた》氏に与えた有名な書状を次に掲出します。

あなたは歌道に熱心に取り組んでいますが、私の門弟として和歌の題を出題するのには、田舎ということもあり難しいことでしょう。題が無いと困るでしょうから、『明題抄』を書写いたしました。これを用いればよろしいでしょう。

永正十一年

仲冬《ちゅうとう》十日

冷泉民部卿《みんぶきょう》入道

宗清（為広）

（花押）

在田式部少輔（祐忠）殿

※「冷泉家古文書」（『冷泉家時雨亭叢書』五十一巻）

史料中の『明題抄』は、先述のとおり出題の参考書のようなものです。為広は播磨国が田舎ということもあって、弟子の心配をしているわけです。先に『明題抄』が永正十一年十二月に与えられたことについて触れましたが、何か関係があるのかもしれません。しかし、『明題抄』の書写が無料であったとは考えにくいところです。弟子を気遣う素振りを見せながら、為広はきちんと対価を受け取ったと見るべきでしょう。では、この在田式部《しきぶ》少輔《しょうゆう》祐忠《すけただ》とは、いかなる人物なのでしょうか。

在田氏は「有田」とも書きますが、赤松氏の有力な庶流で、賀西《かさい》郡在田荘を本拠としていました。北播磨最大の国人とも称されています。この在田祐忠は、なかなかの実力者であったことが知られています。永正十年（一五一三）二月、在田祐忠は赤松義村のもとにあった足利亀王《かめおう》丸《まる》（義澄《よしずみ》の子、のちの義晴《よしはる》）と、ときの将軍義尹との和睦に際して、太刀・馬代一千疋を義尹に献じています（「伊勢貞助記」）。このような事例からは、祐忠が赤松氏内部で高い地位にあったことをうかがわせます。

もちろん、為広が関わったのは祐忠だけではありません。ほかにも多くの赤松氏被官人と交流がありました。次に、被官人の名前などを列挙しておきます。

①上月中書《こうづきちゅうしょ》（中務少輔《なかつかさしょうゆう》）・上月孫三郎《まごさぶろう》――実名不詳。赤松氏の有力な庶流で、室町幕府の外《と》様衆《ざましゅう》を務めていました。

②薬師寺越前守《やくしじえちぜんのかみ》——実名は貴能《たかよし》。播磨国で段銭奉行を務めており、義村が守護に就任する際、承認する立場にありました。
③相川阿波守《あいかわあわのかみ》——実名不詳。『鵤庄引付《いかるがのしょうひきつけ》』によると、赤松氏の三奉行の一人であったことがわかります。
④英保左京亮《あぼさきょうのすけ》——実名不詳。赤松氏の被官人ですが、かつて国衙庁直職《こくがちょうあたいしき》を務めていたことが指摘されています。

このように為広は多くの被官人とともに和歌会を催し、和歌の指導を行なっています。実際の歌会の様子については、断片的ながらも史料が残っています。その史料によると、歌会では「歌合《うたあわせ》」という形式を用いています。歌合とは歌人を左右に分け、その歌を一首ずつ組み合わせて優劣を競う方法のことです。歌の評価については「衆議《しゅうぎ》」とありますので、参加した赤松氏被官人らが批評し合ったものと考えられます。最終的には、判者《はんじゃ》である為広が判定を下したのでしょう。

こうした歌会は、「赤兵亭」つまり義村の邸宅で行なわれることが多かったようです。義村が本拠としたのは、居城置塩城《おきしおじょう》（姫路市北部）でした。しかし、この置塩城は山城で、登るのが大変でしたので、麓に屋敷を構えていたのかもしれません。政治の中心地は、文化の中心地でもあります。置塩城は巨大な城として有名ですが、その城下では為広を中心に歌会が催されるなど、文化が花開いていたのです。

❖為広が播磨国に下向した理由

為広が播磨国に下向した理由は、どのように考えるべきでしょうか。その理由を二つ挙げておきたいと思います。

第一の理由は、為広の家領が播磨国内にあったことです（「冷泉家古文書」）。冷泉家の家領としては、越部荘《こしべ》などが有名ですが、この頃には現実に知行《ちぎょう》（土地を支配し治めること）が行なわれていなかったと考えられます。当該期の、越部荘に関係する史料は残っていません。代わりに知られているのが、田中荘《たなか》です。田中荘は現在の兵庫県神崎郡市川町にあった荘園で、かつては新熊野社領《しんくまののしゃ》、醍醐寺領《だいごじ》、三宝院御門跡領《さんぼういんごもんぜき》でもありました。

田中荘に関する史料は、明応八年（一四九九）と永正元年（一五〇四）のものが残っています（「冷泉家古文書」）。内容としては、室町幕府から知行を認められたものです。その後の両荘園の状況は不明ですが、為広が義村のもとを訪れることにより、細々とでも年貢を徴収できた可能性があります。

第二の理由は、足利亀王丸《かめおうまる》（義澄の子、のちの義晴）が播磨国で義村に養育されていたことです。亀王丸は父義澄が亡くなった永正八年（一五一一）、播磨国へ下っています。このとき義澄は、義村に亀王丸の後事を託したといわれています。後事とは、亀王丸の復権、つまり室町幕府の将軍になることを意味します。以後、義村は自身が亡くなる大永元年（一五二一）九月まで、亀王丸を養育することになります。

先述のとおり、為広は義澄から歌道宗匠として認められ、親交がありました。おそらく亀王丸とも面識があったはずです。為広が義村だけでなく足利将軍家、そして亀王丸の縁を頼ったことはほぼ間違いないでしょう。『前大納言為広卿詠草』には、和歌会で「若君」と記されていますが、彼こそが亀王丸なのです。亀王丸は、当然播磨国でも尊重されていたのです。

このように、為広は家領や人的な縁をたどって、播磨国に下向したことがわかります。実のところ、播磨国は当時豊かな国であったと考えられます。播磨国は、為広により「田舎」と称されていました。しかし、都から近いうえに、強力な領主権力が発達しなかったことから荘園が比較的残っていたこと、米の生産高が高かったことが、これまでの研究で指摘されています。為広にとって播磨国は住みやすい土地だったのです。しかし、義村は大永元年に配下の有力な被官人である浦上村宗《うらがみむらむね》と対立し、滅ぼされることになります。このとき、すでに為広は播磨国を去っていました。

❖為広の最期

たびたび地方下向を繰り返した為広ですが、ついに最期の日がやってきます。大永六年（一五二六）、七十七歳の為広は能登国七尾城に畠山義総を訪ねました。このときは、子息の為和が同行し、以前と同じく為広は和歌会や連歌会を催し、楽しい時間を過ごしました。このことは、『今川為和集《いまがわためかずしゅう》』に詳しく記録されています。為広は義総との再会を喜び、文芸を通じた交流を心から楽しんだことでしょう。

ところが、同年七月二十三日、為広は忽然《こつぜん》として世を去りました。老齢の身にとって、長旅は堪えたのかもしれません。為広の死を耳にした鷲尾隆康《わしのおたかやす》は、自身の日記『二水記《にすいき》』の中で「歌道が廃《すた》れるもとである」と為広の死を惜しんでいます。為広の和歌は、それほど高い評価を得ていたのです。親しく教えを受けた義総は、七尾に供養塔を建立し、為広の菩提を弔いました。

この話には、後日譚があります。実は、肝心の供養塔が年月を経ることにより、その所在がわからなくなったのです。十八世紀になって、子孫の冷泉為村《ためむら》（一七一二～一七七四）はあらゆる手段を使って、為広の供養塔を探索します。為村は、先祖の研究と顕彰に非常に熱心であったといわれています。
　為村は仁和寺《にんなじ》に入寺していた実弟の有証《ゆうしょう》を通じて、仁和寺と関係のあった天平寺《てんぺいじ》（石川県鹿島郡鹿島町）の東林院《とうりんいん》に調査を依頼します。為村のすさまじい執念を感じるところです。そして、東林院から為広の供養塔が見つかったとの吉報を得ました。為村は、飛び上がらんばかりに喜んだことでしょう。

　為広の供養塔があったのは、現在の石川県河北郡《かほくぐん》津幡町《つばたちょう》です。この情報をもたらしたのは、津幡在住の俳人河合見風《かわいけんぷう》という人物です。見風は松尾芭蕉《まつおばしょう》の弟子の一人で、地元では名の通った俳人でした。見風は自宅近くに「広塚」という古塚があり、それが為広の供養塔であると報告したのでした。ところが、この「広塚」はすっかり荒廃して無残な姿を晒しており、往時の面影を残していなかったようです。

　この窮状に立ち上がったのが、加賀藩前田家の一族である前田直躬《なおみ》です。直躬は和歌や俳句に熱心に取り組んでおり、為村の弟子の一人でもありました。直躬はすっかり荒れ果てた「広塚」を実検し、新しい供養塔を建立しようと考えたのです。これを実行に移したのが先述の河合見風で、明和《めいわ》二年（一七六五）に新しい供養塔が完成しました。後世に至っても、為広の業績は高く評価されており、自然に顕彰事業が行なわれたのです。感激した為村は、供養塔に和歌を刻ませています。

明治八年（一八七五）、為広の三百五十回忌を迎えることになりました。これを祈念し、冷泉為《ため》理《ただ》は新たに供養塔を建立しています。昭和五十八年（一九八三）八月二十三日には、為広の四百五十回忌を迎えたので、冷泉為任《ためとう》をはじめ冷泉家一門が献詠披講《けんえいひこう》（和歌を献じて披露すること）を行なっています。戦国の世で厳しい生活を強いられた為広でしたが、その活動は子々孫々に至るまで顕彰され続けたのです。

2 学問する公家、清原宣賢

❖清原宣賢の略伝

最初に、清原《きよはら》氏の家系について述べておきましょう。古代以来、清原氏は明経道《めいぎょうどう》を家学《かがく》とする家柄でした。明経道とは、儒学《じゅがく》の中でももっとも基本的な教えを記した四書、五経、十三経などを教授する教官層のことで、大学寮《だいがくりょう》という官吏養成機関で指導にあたっていました。一言でいえば、儒学者です。清原氏のほかには、中原《なかはら》氏が明経道を家学としており、この二氏が事実上独占していました。

後述しますが、清原家伝来の儒学に関わる貴重な書物の数々は現在、京都大学附属図書館の清家《せいけ》文庫に大切に保管されています。書物そのものも重要なものですが、その奥書には当時の様子（例えば、どの戦国大名のもとで古典などの講義が行なわれたか）が記されており、貴重な史料となっています。

文明七年（一四七五）、宣賢《のぶかた》は吉田（卜部《うらべ》）兼倶《かねとも》の三男として誕生しました。兼倶は吉田神道の大成者として知られ、『神道大意《しんとうたいい》』などの著作があります。神職者としては、当時ナンバーワンの存在といっても過言ではありませんでした。兼倶は、後土御門天皇や将軍足利義尚に『日本書紀』などの講義を行なったこともあります。学問を通じて、兼倶は権力者に近付くことができたのです。

このような人物を父とした宣賢は、少なくともその学問的素養を受け継いでいたものと考えられます。しかし、三男であった宣賢は、吉田家を継ぐのが難しかったのでしょう。のちに、清原宗賢《むねかた》の養子となり、養祖父業忠《なりただ》と同じ環翠軒《かんすいけん》を号としました。清原家の養子となった宣賢は順調に出世し、永正元年（一五〇四）に昇殿を許されています。

◆清原家系図

吉田兼倶——宣賢
　　　　　　　↑（養子に）
清原業忠——宗賢＝宣賢——業賢——枝賢

さらに、宣賢は知仁《ともひと》親王（後奈良天皇）の侍読《じどく》（天皇、東宮に仕え、学問を教授する学者）を務めるなど実績を積み重ね、大永六年（一五二六）には祖父業忠以来の正三位《しょうさんみ》に叙せられました。学者としての宣賢の業績は群を抜いたものがありましたので、当然のことだったかもしれません。しかし、享禄《きょうろく》二年（一五二九）には大徳寺で出家し、宗尤《そうゆう》と号しています（以下、宣賢で統一）。ここから、宣賢の第二の人生が始まります。

❖出家後の宣賢

ところで、清原氏の家領に関しては、残念ながらあまりわかっていませんが、経済的に窮乏していたことは察せられます。宣賢もほかの公家と同様、古典を享受することによって、生活を支えていた可能性が高いでしょう。先述のとおり、宣賢は知仁《ともひと》親王（後奈良天皇）に講義を行ない、また公家衆に『職原抄《しょくげんしょう》』（北畠親房《きたばたけちかふさ》著、官職の研究書）の講義を行なうなど十分な実績がありました。武家に対しては、永正八年（一五一一）六月に大内氏被官人の飯田将監《いいだしょうげん》の発起によって、『中庸《ちゅうよう》』の書写を行なっていることを確認できます（「清家文庫」）。

享禄二年（一五二九）に出家した宣賢は、早速北陸方面に下向しています。向かった先は、冷泉為広と同じく能登国守護の畠山義総のもとでした。同時期に数多くの公家が義総のもとを訪れたのは、注目すべきことです。義総は能登畠山氏の全盛期を築き、多くの文化人を招くような教養人でもあったのです。宣賢は義総からの要請によって、能登国に招かれたのかもしれません。

宣賢が義総のもとで行なったのは、初学者向きとされる『蒙求《もうぎゅう》』（上・中・下の三巻）の講義でした。『蒙求』は唐の李瀚《りかん》の撰によるもので、中国の古人の有名な逸話を幼童向けに書いたものです。日本でも、平安時代には用いられていました。同書の奥書には、講義の行なわれたスケジュールが記されています（「清家文庫」）。そのスケジュールを左に示しておきましょう。

①上冊――享禄二年六月二十六日から七月十八日まで十三回。
②中冊――享禄二年七月十九日から八月一日まで十一回。
③下冊――講義できず。

残念ながら、下冊の講義は行なわれませんでしたが、上・中冊はほぼ連日のように講義が行なわれたことが確認できます。この時期は、義総が学問に取り組んだ初期の段階と考えられますが、かなり打ち込んでいた様子がうかがわれます。

翌享禄三年、宣賢は再び能登国の畠山氏を訪れ、今度は『孟子《もうし》』『中庸章句《ちゅうようしょうく》』の講義を行なっています（「清家文庫」）。四ヶ月以上の間、宣賢による講義は中断されていたわけですが、義総の学問への情熱は失われていなかったのです。なお、義総が古典や和歌・連歌を愛好し、『源氏物語』になみなみならぬ愛情を注いでいたことは、すでに多くの先学が指摘しています。

宣賢は、若狭国でも講義を行なっていました。おそらく守護を務めていた武田氏のもとであったと推測されます。宣賢が書写した『孟子』には、享禄五年（一五三二）七月十一・十二・十三日の三日間にわたって、栖雲寺《すうんじ》竹田舎弟《しゃてい》の玉首座《ぎょくしゅそ》に講義をしたとの奥書があります（「清家文庫」）。同じく宣賢の書写した『孟子抄』には、天文元年（一五三二）八月九日に栖雲寺竹田舎弟に講義を行なったという奥書も確認することができます（「谷村文庫」）。

竹田舎弟の玉首座とは、いかなる人物なのでしょうか。若狭国の守護である武田元光《もとみつ》には弟がおり、のちに出家して潤甫周玉《じゅんぽしゅうぎょく》と号し、栖雲寺の開山となっています。竹田舎弟の玉首座とは、この潤甫周玉と考えられます。「竹田」は、「武田」のことを示しているのでしょう。つまり、宣賢は若狭国武田氏とも何らかの親交を結んでいたのです。

このように宣賢は、北陸方面の好学の武将に招かれ、主に中国の古典を教えていたことがわかります。この事実は、意外なことと思われるかもしれません。北陸という辺境の地においても、武家たちの学問に対する情熱は相当あったのです。その中でも一番有名なのが、越前国朝《あさ》倉《くら》氏のもとで古典を教授したことになるでしょう。

❖越前国一乗谷を訪れた人々

宣賢が越前国一乗谷《いちじょうだに》を舞台にして、朝倉氏に古典の講義をしたことは、多くの史料によって確認することができます。では、朝倉氏とは、いかなる氏族なのでしょうか。簡単に確認しておきましょう。

朝倉氏の出自に関しては諸説ありますが、但馬国の出身であるのは確かです。朝倉氏は鎌倉時代の史料に散見されますが、広景《ひろかげ》が登場する南北朝期から活動が活発になります。以後、越前国に基盤を置き、氏景《うじかげ》の代の十五世紀初頭に一乗谷との関係を確認できます。その後、朝倉氏は永享《えいきょう》の乱（永享十年・一四三八）でも活躍し、その評価はますます高まります。朝倉氏が越前国守護斯波《しば》氏に仕え、もっとも目覚しく活動するのは、十五世紀半ばに登場する孝景《たかかげ》（初代）からなのです。なお、同名の孝景は、のちにも登場します（二代孝景）。

朝倉氏が本拠を定めた一乗谷には、公家や僧侶など多くの文人たちが訪れた地でした。一乗谷は現在の福井市南東部に位置し、朝倉氏の住んだ屋敷跡などが今も残っています。昭和四十六年（一九七一）には特別史跡に、また庭園は特別名勝に指定されました。発掘調査もかなり進んでおり、生活に関わる遺物に加え、将棋の駒など珍しいものも見つかっています。戦国期における貴重な遺跡の一つです。一乗谷には、次のような連歌師、歌人、公家が訪れています。いずれも著名な人物です。

①連歌師――宗祇《そうぎ》、宗長《そうちょう》、兼載《けんさい》、宗仲《そうちゅう》、玄清《げんせい》、宗牧《そうぼく》、宗養《そうよう》
②歌　人――正徹《しょうてつ》、正広《しょうこう》、尭憲《ぎょうけん》
③公　家――冷泉為和《ためかず》、富小路資通《とみのこうじすけみち》、飛鳥井雅康《あすかいまさやす》・雅俊《まさとし》父子

また、一乗谷では医学振興にも力が入れられ、その関係者が多数訪れています。その一人が半井明重《なからいあきしげ》です。そもそも明重は、御料所《ごりょうしょ》（室町幕府の直轄領）である越前国河合荘《かわい》の年貢を督促するために同地を訪れたのですが、朝倉貞景《さだかげ》と関係を深め移住することになりました。その後、河合荘の年貢は、比較的順調に納められたようです。子息の明孝、見孝ものちに越前国に下っています。見孝の子孫は、越前半井家を興しています。明重は、越前国にどのような魅力を感

じたのでしょうか。

一乗谷には、谷野《たにの》一栢《いっぱく》という医学に通じた人物がいました。一栢は渡明して医学、経学《きょうがく》（四書五経《ししょごきょう》を研究する学問）、易学《えきがく》（易を研究する学問）、儒学をマスターし、その名声は広く国内に轟いていました。一栢は明（中国）への海外留学を経験し、当時最先端の学問に通じていたのです。朝倉孝景は「三顧《さんこ》の礼」をもって一栢を一乗谷に招き、屋敷も用意して丁重に扱っています。天文五年（一五三六）、一栢は医学書『八十一難経《はちじゅういちなんきょう》』三冊を刊行しましたが、これは医学史上における快挙であったと評価されています。

このほかにも、一乗谷には僧侶や画家なども訪れており、いわば「文化サロン」の様相を呈していました。一乗谷に著しく文化が広まったのは、朝倉氏が学問に深い理解を示したことが大きな要因でした。宣賢にとって、文化的な素地が十分整った一乗谷は、非常に心地よい空間だったのかもしれません。

❖一乗谷での宣賢

宣賢が越前国に下向していた事実については、『日本書紀抄』の奥書によって知ることができます。天文十一年（一五四二）、宣賢は一乗谷の日蓮宗慶隆院《けいりゅういん》において、『日本書紀』の講義を行なっていますが、残念ながら詳しい講義内容はわかりません。『日本書紀』の講義は京都の公家の間でも行なわれていましたが、一乗谷でも行なわれていたのです。

翌天文十二年（一五四三）になると、一乗谷で行なわれた講義の具体的な様子がわかるようになります。そのことを記したのが、宣賢の孫枝賢《しげかた》の日記『天文十二年記』です。この日記は、枝賢が京都から越前に至る旅程と越前国での状況を克明に記しています。以下は特に断らない限り、『天文十二年記』の記述によるものとします。

天文十二年（一五四三）四月二十日、枝賢は上原神八郎《じんぱちろう》とともに越前国に下向することを思い立ちました。目的は、祖父の宣賢に会うことと、越前国を見物したいというものでした。その旅程（宿泊地）は、次のようなものです。

①四月二十日　京都→坂本（滋賀県大津市）

②四月二十一日　坂本→海津《かいづ》（滋賀県高島市）　※琵琶湖を船で渡る。

③四月二十二日　海津→新保《しんぼ》（福井県敦賀市）

④四月二十三日　新保→府中（福井県越前市）

⑤四月二十四日　府中→一乗谷

坂本から海津の間は琵琶湖を船で渡っていますが、ほかはすべて陸路です。京都から四泊五日という長旅でしたが、一乗谷で祖父宣賢と会った枝賢は、その疲れが吹き飛んだかもしれません。二十四日は、枝賢もゆっくりと休んだようです。翌二十五日、宣賢は朝倉孝景に孫枝賢の来訪を報告するために、面会を申し入れています。しばらくすると、面会の日は二十六日になると連絡がありました。越前一国を支配する孝景は、多忙な毎日を送っており、すぐさま会うわけにはいかなかったのでしょう。

二十六日の午後、枝賢は祖父宣賢とともに、木の香がするような新造の朝倉邸を訪ねます。手には、都からの土産を携えていました。孝景には、檀紙《だんし》（檀《まゆみ》の樹皮で作られた上質な紙）と扇五本が贈られています。当時の紙は、とても貴重品でした。扇もまた、当時の贈答品として広く用いられたものです。孝景の子息や朝倉氏の被官人・女中にも土産が贈られました。

都の産物を手にした彼らは、その珍しさもあって、さぞかし喜んだことでしょう。その後、枝賢は二十七日に朝倉氏の妻の母を訪ね、二十九日には安波賀《あわが》を見学しています。安波賀は一乗谷に近い場所にあり、足羽川《あすわがわ》が流れていました。ちなみに、永禄五年（一五六二）に朝倉義景《よしかげ》は、大覚寺義俊《だいかくじぎしゅん》（近衛尚通の子。大覚寺門跡）を招いて「曲水《きょくすい》の宴」を催しています。「曲水の宴」とは川の上流から酒の入った盃を流し、自分の前を通り過ぎる前に歌を詠む優雅なものでした。当時の安波賀は、風光明媚な地だったのでしょう。

五月二日、枝賢は孝景からの招きがあり、祖父宣賢と上原神八郎とともに朝倉邸を訪れました。枝賢らが食事をともにしたのは、孝景とその奉行人二人の計六人でした。このときは三献《さんこん》といって、三回酒肴《しゅこう》の膳を変え、そのたびに大・中・小の盃で酒を飲み、計九杯の酒を飲んでいます。中世における酒宴の正式な作法でした。六人の間でどのような会話が交わされたかは記録されていませんが、旅のことや都の生活が話題になったのかもしれません。

五日、宣賢と枝賢は府中祭を見学するために出掛けています。ところが、この間はあいにくの雨に見舞われ、開催されたのは十一日になってからでした。神輿《しんよ》の御行は、裸の男が担いでおり、かなりの迫力があったようです。京都の祭は、どちらかといえばおとなしいものが多いですが、都の祭しか知らない枝賢は、大きなカルチャー・ショックを受けたかもしれません。

十三日になると、孝景の不意な依頼が宣賢を困らせることになります。孝景から宣賢に対して、『論語《ろんご》』『六韜《りくとう》』を小姓《こしょう》衆八人に教えて欲しいと依頼されたのです。当時、七十歳に手が届こうとしていた宣賢にとっては、面倒なことだったようですが、嫌々ながらも引き受けています。しかし、このときは運良く孫の枝賢が一乗谷を訪れていましたので、宣賢は枝賢とともに『論語』『六韜』を小姓衆に教えました。『論語』『六韜』などの中国の古典に関しては、次で触れることにしましょう。

❖中国の古典と朝倉氏

宣賢と朝倉氏との関係は、先述の『天文十二年記』に生き生きと記されていますが、わずか一ヶ月余の記録です。しかし、清原家に残った蔵書の数々からも、朝倉氏との学問を通じた交流を読み取ることができます。以下、それらの古典の奥書について、確認することにしましょう（いずれも「清家文庫」のもの）。

①『中庸』――天文十五年（一五四六）一月二十七日から二月八日まで九回、一乗谷で講義を実施。天文十七年（一五四八）三月十一日から五月十九日まで九回、一乗谷で講義を実施。

②『孟子』――天文十五年（一五四六）四月に三回、一乗谷で講義を実施。

先述の『論語』『六韜』とともに、『中庸』『孟子』に触れておきましょう。『論語』『中庸』『孟子』は『大学』とともに四書と称され、儒学を学ぶうえで非常に重きが置かれていました。基本文献といってもいいでしょう。四書は武家だけでなく、当時の公家や僧侶も熱心に学んでいました。

『六韜』は『三略《さんりゃく》』とともに、中国の兵書として知られています。『六韜』は太公望《たいこうぼう》、『三略』

は黄石公《おうせきこう》の撰述といわれています。宋代に『武経七書《ぶきょうしちしょ》』へ組み入れられ、兵法書として広く読まれました。ともに後世の偽書ですが、十世紀末頃には日本にももたらされ、以来広く読まれるところとなりました。戦国大名必読の書といっても過言ではありません。もちろん朝倉氏も例外ではありませんでした。

朝倉氏がすでに敏景の代から古典に造詣が深かったことは、「朝倉敏景十七ヶ条」にその一端をうかがうことができます。「朝倉敏景十七ヶ条」は、朝倉氏中興の祖である孝景（敏景）による家訓であり、十五世紀の後半に成立したといわれています。当時、勃興しつつあった戦国大名は家訓や武家家法を定め、領国支配に力を入れたのです。

この家訓では、世襲制の否定、人材の登用、家臣の一乗谷集住などが条文に盛り込まれています。つまり、旧来の室町幕府―守護体制というシステムが破綻したため、斬新な改革が必要だったことを示しています。この中で、すでに朝倉氏が『論語』を読んでいた形跡をうかがうことができます。孝景は「朝倉敏景十七ヶ条」の作成において、儒学の強い影響を受けていたのです。

また、永正十五年（一五一八）にはその孝景の三十三回忌が催され、京都建仁寺《けんにんじ》から月舟《げっしゅう》が招かれました。月舟は建仁寺第二百四十六世を務めるなど、当時の高僧の一人でした。月舟の追《つい》福仏事《ふくぶつじ》（死者の冥福を祈る仏事）の法語《ほうご》には、次の記述があります。

孝景が籌策《ちゅうさく》（計略）をめぐらすときは『六韜』『三略』が心の中を駆け巡り、礼楽《れいらく》を問うときは『論語』『孟子』が目に広く浮かび上がります。

文中の「礼楽」とは、礼儀と音楽という言葉が合わさったものです。「礼」は社会の秩序を定め、「楽」は人心を感化するものとして、古代中国の儒家によって尊重されました。また、文化や文化的な生活をも意味します。月舟の言葉には三十三回忌ということもあって、孝景をやや大袈裟に顕彰している感があるのも事実ですが、全体として孝景が中国の古典に通じ、政治を行なううえで参照していたことは疑いないでしょう。朝倉氏では代々、その精神を受け継いでいたのです。

❖宣賢、一乗谷に死す

以上のように、宣賢は好学の武将である朝倉氏から招かれ、一乗谷で儒教を中心にして講義を行ないました。そのことが朝倉氏やその被官人に多大なる影響を与えたことは、もはやいうまでもありません。しかし、一乗谷で精力的に活動した宣賢にも、ついに死が訪れることになります。宣賢が亡くなったのは、天文十九年（一五五〇）七月十二日のことでした。病名などはわかっていません。七十六歳で亡くなったのですから、当時としてはかなりの長命でした。

宣賢は、現在の福井市徳尾《とくお》町の禅林寺《ぜんりん》（曹洞宗）に葬られました。法名は、「後浄居院殿物外《ごじょうきょいんどのぶつがい》宗尤大禅定門《そうゆうだいぜんじょうもん》」といいます。同寺には、現在も立派な墓が残っています。宣賢が辺境の地で亡くなったのは冷泉為広と同じですが、越前国では常に尊重して扱われていたので、何ら悔いがなかったのではないでしょうか。

ところで、宣賢の死についても、後日譚があります。昭和四十八年（一九七三）、朝倉氏遺跡調査研究所が「一乗谷石造遺物の銘文解読調査」を実施しています。その際、一乗谷遺跡内の八地谷《やちだに》というところから、一石五輪塔《いっせきごりんとう》が発見されました。五輪塔には、右から「天文十九年」「後浄居院殿物外宗尤大禅定門」「七月十二日」の文字が刻まれていたのです。宣賢が亡くなって四百二十年後に発見されるという快挙でした。

清原宣賢といっても、ほとんどの方が知らないかもしれません。しかし地方文化、特に儒学の興隆が京都から越前国にもたらされたことには注意を払うべきで、宣賢が大いに貢献したことは記憶に止めておくべきでしょう。

第三章　勤めを果たさない公家たち

1　田舎で朽ち果てた橋本公夏

❖橋本公夏の略伝

橋本公夏《はしもときんなつ》という人物については、初めて名前を聞いた方も多いのではないでしょうか。人名辞典などにも、あまり取り上げられていません。しかし、先に取り上げた一条兼良や三条西実隆ほどではないにしても、当時の公夏は古典学者として、相当知られた人物だったのです。次に、その履歴を紹介することにしましょう。

享徳《きょうとく》三年（一四五四）、公夏は清水谷実久《しみずだにさねひさ》（一四三二～一四九八）の子として誕生しました。清水谷家は、鎌倉時代の西園寺実有《さいおんじさねあり》をその祖としています。西園寺家の家格は清華《せいが》家であり、鎌倉時代には関東申次《かんとうもうしつぎ》として、朝廷と鎌倉幕府間の交渉役を担っていました。橋本家もまた鎌倉時代の西園寺公相《きんすけ》を祖としており、西園寺家を共通の先祖としていました。ところが、橋本家の公国《きんくに》には実子がなく、同族の清水谷家から公夏が養子として迎えられました。橋本家と清水谷家の家格は、羽林家《うりんけ》に属します。

公夏が古典に造詣の深いことは、多くの著作からうかがうことができます。その代表的なものを左に示しておきます。

①『志能夫数理《しのぶずり》』（陽明《ようめい》文庫）――『伊勢物語』の注釈書。
②『白馬節会次第《あおうませちえしだい》』（京都大学）――白馬《あおうま》という朝廷行事の解説書。
③『浮木《うきぎ》』（宮内庁書陵部《くないちょうしょりょうぶ》）――『源氏物語』の注釈書。
④『橋本公夏朗詠並和歌《ろうえいならびわか》』（宮内庁書陵部）――公夏自身の歌集。

晩年の公夏が都に止まらず播磨国で過ごしたことも影響したのか、案外その著作は知られていませんが、『源氏物語』に関しては、かなり研究したようです。むろん、公夏は和歌にも優れていました。文明十六年（一四八四）七月、公夏が九代将軍足利義尚の主催した和歌会に出席したことを確認できます。その会には、三条西実隆や冷泉為広らの公家に加え、武家からも多くの参加者がありました。

公夏が和歌に優れていた理由としては、二条派の歌人である堯憲《ぎょうけん》（生歿年不詳）の甥であったことが指摘されています。堯憲は清水谷実久の弟で、二条派の歌人である堯孝《ぎょうこう》の養子になっていました。堯孝・堯憲とも優れた歌人として知られており、後土御門《ごつちみかど》天皇や後柏原《ごかしわばら》天皇もその指導を受けていたといわれています。公夏も少なからず二人の影響を受けていたと考えられます。

◆橋本家系図

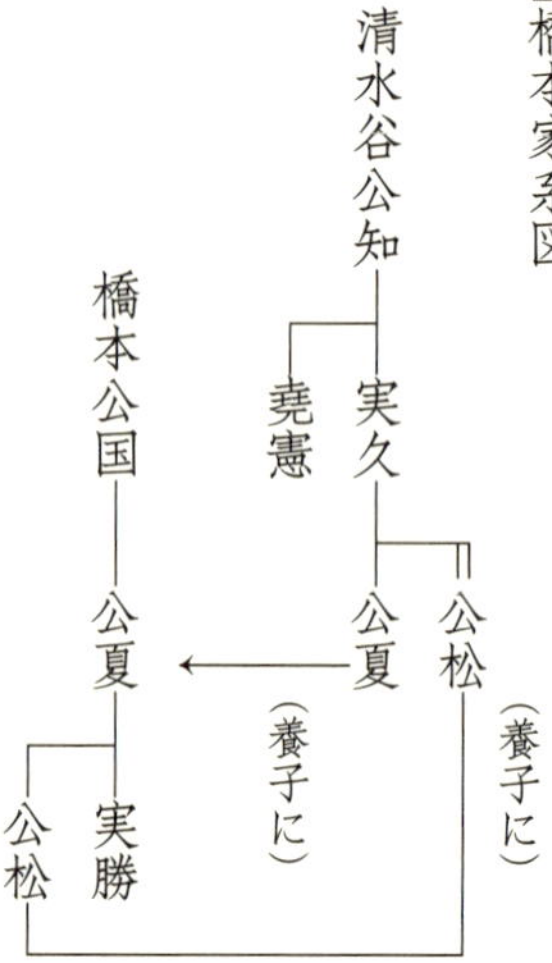

公夏の名声は、後世に至っても伝わっています。豊臣秀吉の御伽衆《おとぎしゅう》でもあった大村由己《おおむらゆうこ》は、公夏を『源氏物語』の注釈書『浮木』の著者であること、和漢の学問に通じていたこと、能書家であったと書き残しています（『梅庵古筆伝《ばいあんこひつでん》』）。公夏の父実久が能書家であったことから、強

い影響を受けていたように考えられます（『宣胤卿記《のぶたねきょうき》』）。ただ、公夏が漢学に通じていたとの証拠は、今のところ残っていないようです。

❖橋本家の家領

第一章・第二章述べてきた公家の家領については、比較的はっきりと状況がわかっていました。一次史料となる古文書が多少は残ったからです。しかし、橋本家の家領に関しては、関係史料が乏しくあまり詳しくわかっていません。関連史料は、家譜などの二次史料に限られており、そこから考えなくてはなりません。以下、菅原正子《すがわらまさこ》氏の研究によって、橋本家の家領を探ってみたいと思います。

公夏の実父である実久は、文明四年（一四七二）四月に八代将軍足利義政から弘山《ひろやま》荘を安堵されました（『古簡雑纂《こかんざっさん》』）。弘山荘は現在の兵庫県たつの市に所在した荘園ですが、あまり詳しいことはわかっていません。弘山荘は主要な交通路である山陽道に近く、瀬戸内海に流れ込む揖《い》保《ぼ》川に隣接していました。交通の要衝地といえます。中世後期には、隣接する鵤《いかるが》荘《のしょう》とたびたび相論に及んだことが知られています。そして、実久は明応七年（一四九八）十二月に播磨国弘山村で亡くなりました（『清水谷家譜』）。後述しますが、公夏も弘山村で亡くなっています。

もう一つは、備中国生石荘《おいし》です。生石荘は、現在の岡山市内に所在した荘園です。生石荘もまた、付近に足守川《あしもりがわ》が流れ、山陽道に面していました。交通の便のよいところです。公夏の養父の橋本実郷《さねさと》は、永享十年（一四三八）八月二十二日に生石荘に下向し、十二月二十四日に帰京したと記録にあります（『橋本家譜』）。生石荘が橋本家領であったことの証左となります。こちらはあとで触れますが、公夏が備中国に下向したことがわかっています。おそらく生石荘に下向したのではないかと思われます。

このように橋本家の家領の存在を示す史料は、家譜の類に限られてくるのですが、少なくとも播磨国弘山荘と備中国生石荘だったことはほぼ間違いないでしょう。二つの荘園に共通するのは、川が流れ込む海岸部に位置しており、陸路は山陽道に面していたことです。両荘園からは、たくさんの農作物の収穫があったと推測されます。公夏はその恩恵を受けるため、活発に下向するようになるのです。

❖父実久の下向

文明十二年（一四八〇）十二月十一日、公夏は先に播磨国へ下向していた父清水谷実久のもとを訪れるため、暇《いとま》を乞うています（『宣胤卿記』）。この申し出は、朝廷への出仕を免除して欲しいとの要望にほかなりません。いうまでもなく、無断で下向することは、許されないことでした。向かった場所は弘山荘であり、実久が少なくともこの段階から播磨国に在国していたことがわかります。公夏が都に戻ったのは、翌年の六月二十六日のことでした。備中国から上洛したとありますので、弘山荘から生石荘に移動し、そこから都を目指したのでしょう。

この頃、応仁・文明の乱が終わったとはいえ、まだまだ戦乱の余波は残っていましたので、公家衆の多くは経済的な窮乏に喘《あえ》いでいました。清水谷家も例外ではなく、経済的困窮を逃れるために弘山荘への下向を決めたと考えられます。実久が下向した時期は定かでありませんが、文明十二年（一四八〇）の段階で、年齢は四十九歳でした。公夏は父の様子をうかがいに下向したのでしょうが、さすがに六ヶ月という滞在期間は長いように思います。

話を先取りするようですが、実久は晩年に再び播磨国下向を試みています。延徳三年（一四九一）九月二十九日、実久は経済的な困窮を理由として、播磨国（弘山荘）下向を朝廷に申し出ているのです（『実隆公記』）。結果として、実久の播磨国下向は認められませんでした。この頃、地方に下向する公家が続出しており、朝廷は安易に許可を出すわけにはいかなかったのです。

したがって、実久は播磨国弘山荘下向と上洛とを繰り返していたと考えられます。老齢の実久にとって体力的にきつかったかもしれませんが、それよりほかに手がなかったのです。先述のとおり実久は晩年を弘山荘で過ごしており、死の直前には出家しています（『公《く》卿《ぎょう》補任《ぶにん》』）。このような事実から、播磨国への下向には経済的な面で大きな魅力があったのだと考えられます。

❖公夏の播磨国・備中国下向

文明十三年（一四八一）の上洛以後、公夏は朝廷での勤めをきちんと果たしています。その間の記録には、公夏が精励している様子をうかがえます。延徳四年（一四九二）三月、公夏は権中《ごんちゅう》納言《なごん》の職を辞しました（『公卿補任』）。三十九歳のことです。理由はよくわかりませんが、朝廷への出仕を取り止めたのは事実です。おそらくこの直後くらいに、公夏は播磨国に下向したのでしょう。近衛政家《このえまさいえ》の日記『後法興院記《ごほうこういんき》』明応四年（一四九五）六月九日条には、次のとおり記されています。

橋本公夏が訪ねてきた。先日、上洛してきたようである。しかし、上洛するのが遅かったので、朝廷から折檻《せっかん》（厳しい譴責）をされており、未だ出仕もしていない。公夏は、異様な風体（身なり）であったようだ。

これだけでは情報が不足していますが、これ以前に公夏は播磨国か備中国に下向していたのは間違いありません。この間、朝廷から公夏に対して、何度も上洛の催促があったのでしょう。ところが、公夏は上洛の要請を渋り、なかなか応じようとしなかったようです。公夏が上洛したときには、すでに朝廷の怒りは頂点に達していました。何より、公夏は異様な風体だったようです。具体的な服装などはわかりませんが、公家らしからぬ汚らしい格好をしていたと推測されます。

折檻を受けた段階で、公夏は実質的に朝廷への勤めを放擲《ほうてき》しており、戻るつもりもなかったのでしょう。この約一ヶ月後、公夏は西園寺実遠《さねとお》の仲介もあって、何とか朝廷からの許しを得ることになります（『言国卿記《ときくにきょうき》』など）。しかし、公夏は三年ほどすると、また播磨国に下向しました。『宣胤卿記』永正四年（一五〇七）五月一日条には、朝廷に勤務する禁裏小番《きんりこばん》が公夏に割り当てられているにも関わらず、実際にはすでに十余年を播磨国で過ごしていたことが記されています。これを逆算すると、少なくとも明応七年（一四九八）になりますが、それより以前に公夏が播磨国に滞在していたと考えられます。

実際のところ、文亀二年（一五〇二）の段階においても、公夏は備中国に在国して勤めを果たしていませんでした（『宣胤卿記』）。繰り返しになりますが、こうした現象は橋本家に限らず、多くの公家に見られました。そのため、先述の禁裏小番の編成にも支障があったようです（『宣胤卿記』）。永正元年（一五〇四）、公夏の実子で実久の養子になっていた清水谷公松《きんまつ》でさえも、播磨国に下向していました。橋本家と清水谷家は、一家ぐるみで朝廷への勤めを放棄していたのです。

以後、公夏が下向した様子は、細々と確認することができます。永正八年（一五一一）一月二十二日の小雪舞う頃、公夏は近衛尚通《ひさみち》（一四七二〜一五四四）のもとを訪れています（『後法成寺《ごほうじょうじ》尚《ひさ》通公記《みちこうき》』）。公夏がわざわざ訪ねているので、二人は仲が良かったのでしょう。公夏は前年の十二月二十七日に上洛をしていたようで、尚通と酒を酌み交わしながら、しばらく話をしています。

話の具体的な内容は記されていませんが、和歌などの学問や播磨での生活に話題が及んだかもしれません。この時点で、公夏の在国期間が二十年と記されているので、断続的でしたが相当な期間になっていたのです。公夏は上洛するたびに、ほかの公家の家を訪れていたのでしょう。尚通は、話し相手となる大切な人物だったのです。

この間の公夏の文化的活動は後述しますが、年齢を重ねるとともにだんだん衰えていきました。永正十七年（一五二〇）三月、六十七歳の公夏は播磨国で出家をしています。法名は、友阿《ゆうあ》といいます。出家の理由は、病によるものでした。当時の六十七歳といえば、相当な高齢になります。播磨国にいた公夏は、死を覚悟して出家したのかもしれません。出家の場所は、公夏とゆかり深い書写山円教寺《しょしゃさんえんぎょうじ》（姫路市）であったと考えられます。

❖播磨国での活動

公夏は半ば世捨て人のごとき生活を送っていましたが、古典の書写活動は活発に行なっていました。それらを列挙すると、『古今集相伝書《こきんしゅうそうでんがき》』『後撰和歌集』『詞花和歌集《しいかわかしゅう》』などを挙げることができます。これ以外にも、多くの和歌集などを写しています。公夏の学究欲は旺盛であり、活発な書写活動は、止まることがなかったのです。では、公夏は播磨国でどのような活動をしていたのでしょうか。

文亀三年（一五〇三）九月、公夏は赤松宇野孫太夫《まごだゆう》が所持した『建保名所百首《けんぽうめいしょひゃくしゅ》』を書写したことが知られています。赤松宇野孫太夫は赤松氏の庶流であることは疑いなく、公夏の播磨国在国の間に何らかの関係が生じたのでしょう。『建保名所百首』は、正式には『建保三年十月二十四日内裏《だいり》名所百首』といいます。これは、順徳《じゅんとく》天皇（在位・一二一〇～一二二一）の発案によるもので、藤原定家など十二名の歌が収録されました。内容は名所を題として、春二十首、夏十首、秋二十首、冬十首、恋二十首、雑二十首の構成になっています。

定家は建保三年（一二一五）九月十一日に命を受け、二十四日に披講《ひこう》（和歌会で読み上げること）が実施されたことになっていますが、実際に披講は行なわれなかったようです。二十六日には、順徳天皇に献上されています。『建保名所百首』の影響は大きく、のちに『建保名所三百首』や『建保名所四百首』が編まれるなど、名所題詠の規範となりました。赤松氏が和歌に通じていたことは、これまでにもたびたび触れましたが、赤松宇野孫太夫もその一人だったのです。赤松宇野孫太夫は、公夏から和歌の指導を受けていたのでしょう。

公夏は明石《あかし》郡に勢力基盤を持つ、明石長行《ながゆき》とも懇意であったと考えられています。天文八年（一五三九）十一月、長行は妻の冥福を祈念し、『古今和歌集』『後撰和歌集』などの和歌集、『伊勢物語』『平家物語』などを明石の名刹大山寺《めいさつたいざんじ》に奉納しています。このうち『後撰和歌集』については、公夏の筆によるものと推定されています。公夏の交際範囲は、案外広かったのです。

同時に公夏は、僧侶とも親しく交わっていたようです。晩年の公夏は、『金葉和歌集《きんようわかしゅう》』の書写に大変な情熱を燃やしていました。『金葉和歌集』は白河上皇（院政の時期・一〇八六〜一一二九）の命による五番目の勅撰和歌集で、源俊頼《としより》（一〇五五〜一一二九）が何度も手を入れて完成させた苦心の作です。大永八年（一五二八）六月、七十五歳の公夏は老眼にも関わらず、『金葉和歌集』を書写しました（ノートルダム清心女子大学所蔵）。ここまでくると、年老いたとはいえ、公夏の執念としかいいようがありません。

この『金葉和歌集』は、橋本家に伝わる秘本であったことが奥書に記されています。奥書からは、実子である公松《きんまつ》（のちに清水谷実久の養子）が書写山の僧侶実祐《じつゆう》に与える旨を記していることとを確認できます。実子に与えるのですから、普段よりも力がこもったことはうなずけるところです。なお、公松の動向もほとんどわかっていませんが、その生涯を播磨国で全うした可能性が高いと考えられます。このように公夏は、書写山の僧侶である実祐や快祐《かいゆう》と深く交わっていたのですが、この点をもう少し詳しく取り上げてみたいと思います。

❖書写山実祐と公夏

書写山は姫路市北西部にある山のことで、山頂には天台宗寺院の円教寺があります。円教寺は、「証悟《しょうご》の聖《ひじり》」といわれた性空《しょうくう》が開いた寺院です。証悟とは、「仏道修行により真理を悟ること、または悟りを開くこと」を意味します。円教寺は「西の比叡山《ひえいざん》」と称される名刹で、建築物や仏像の多くが重要文化財などに指定されており、和泉式部《いずみしきぶ》、後白河法皇、後醍醐天皇も訪れています。西国三十三所の二十七番目の札所です。今も、多くの観光客が訪れています。

先に登場した実祐とは、いかなる人物なのでしょうか。実祐は永正二年（一五〇五）に生まれ、天正《てんしょう》十九年（一五九一）に八十七歳で亡くなりました（『書写山円教寺長吏記』など）。実祐は書写山円教寺の長吏《ちょうり》（寺院の取りまとめ役）を務めており、赤松大河内《おおこうち》家の子孫に当たると考えられています。赤松大河内家は、赤松氏の中でも有力な庶流でした。実祐には著作も多いのですが、赤松氏関係のものもいくつかあります。その理由は、赤松氏の庶流だったからでしょう。

享禄元年（一五二八）、円教寺の快祐法印《ほういん》が亡くなりました。快祐は、円教寺の高僧でした。快祐の弟子実祐は、天文三年（一五三四）にその七回忌を執り行なっています。このとき公夏は、「快祐法印七回忌和歌序」を著しました。これは、公夏の快祐に対する追悼の意を込めたものです。下向した公家の場合は、武家との関係が重視されがちですが、公夏は僧侶とも深い親交があったのです。実祐が先の『金葉和歌集』を公夏から贈られたのは、この翌年のことでした。

天文四年（一五三五）、公夏は都にいた三条西実隆と書状を交わしています（『書写山旧記』）。実隆は公夏と同じく、すでに八十一歳という高齢でした。公夏は和歌三十首を実隆に贈り、講評を依頼しました。返書の中で実隆は、公夏の三十首が優れていると評し、併せて公夏が書写山での生活を楽しんでいることを羨んでいます。同時に実隆は自身の老境の衰えを嘆き、『公卿補任』を書写している現状を記しています。二人は同世代ながら、全く異なった境涯にあったのです。公夏は高齢であったにも関わらず、実隆に和歌の批評を乞うなど、その向学心は一向に衰えませんでした。

このように自由闊達《かったつ》に振舞った公夏は、天文七年（一五三八）八月六日に亡くなりました（『書写山十地坊過去帳』）。先述のとおり、亡くなったのは弘山荘であったと考えられますが、死因ははっきりとしません。墓所は弘山荘にあるといわれていますが、実際には村民が小さな祠《ほこら》を作ったようです（『橋本家譜』）。残念ながら、その跡は残っていません。古典に通じた学者の死としては、あまりに寂しいものといえるでしょう。子息の公松も同地で、天正六年（一五七八）八月一日に七十五歳で歿しています（『書写山十地坊過去帳』）。公松に至っては、その生涯が何もわかっていません。

公夏は朝廷への勤めを辞め、都から播磨国へ下向していました。それは、朝廷の慰留さえも振り切ったものでした。父実久や子息公松も同じような行動を取っています。その態度は自由奔放でしたが、実は意外なほど文化的かつ満足できる生活だったのかもしれません。だからこそ、都に戻らなかったのでしょう。

2　したたかな駆け引きをする柳原資綱・量光親子

❖柳原資綱・量光親子の略伝

地方にありながらも朝廷を相手にして、したたかに生き抜いた公家がいます。その人物は、柳原資綱《やなぎはらすけつな》・量光《かずみつ》の親子です。この親子は単に朝廷への出仕を放棄するだけでなく、再出仕に際してはさまざまな手法を用いて、朝廷を翻弄《ほんろう》することになります。最初に、この二人の略伝を記しておきましょう。

柳原家は、日野俊光《ひのとしみつ》の四男資明《すけあき》が鎌倉末期に興した家です。家名は居所である「柳原殿」にちなんだもので、比較的新しい家といえます。公家の格としては名家《めいけ》に属し、資明自身も優れた実務家として知られています。中興の祖ともいうべき人物です。しかし、以後の柳原家は、さほど目立った人物を輩出していません。各地に家領もありましたが、その実態はあまり知られていません。ほかの公家と同様に、柳原家の家領も徐々に武家によって侵食されたのでしょう。

柳原資綱は、応永二十六年（一四一九）に行光《ゆきみつ》の子として誕生しました。文安六年（一四四九）に参議に任じられてから、以後は比較的順調な出世を遂げていたようです（『公卿補任』）。資綱は応仁元年（一四六七）に院執権《いんのしっけん》という院庁《いんのちょう》を統括する職に就き、さらに文明元年（一四六九）には神宮伝奏《じんぐうてんそう》という伊勢神宮に関する事項を天皇に取り次ぐ役職を担当しています（『公卿補任』）。このような重職を担っていたことから、資綱は大変期待されていたことがうかがえます。

息子の量光は、文安五年（一四四八）に資綱の子として誕生しました。初名は、量尚《かずひさ》・尚光《ひさみつ》といいました。享徳三年（一四五四）に叙爵《じょしゃく》してから、比較的順調な出世をしています。文明三年（一四七一）には文章博士《もんじょうはかせ》という、大学寮に属して詩文と歴史とを教授した教官職を兼ねているので、学問にも通じていました。量光も資綱と同様に、将来を大いに期待されていたのでしょう。

❖因幡国法美郡百谷への下向

文明六年（一四七四）、資綱は突如として因幡国法美《ほうみ》郡百谷《ももだに》へ下向しました（『親長卿記《ちかながきょうき》』）。応仁・文明の乱の戦火を避けるとともに、家領に疎開して年貢を確保する意味もあったと考えられます。しかし、山陰方面に下った公家は、かなり珍しいといえます。では、百谷とはどのような場所だったのでしょうか。

百谷はかつて桃谷とも書かれ、現在の鳥取市東部に位置します。鳥取市の中心部からは外れていますが、距離的にはさほど遠くありません。近くには川も流れており、日本海とも距離は離れていません。残念なことに、資綱が百谷に居住したことは知られていますが、ここが荘園として柳原家の管轄下にあったことを示す記録は乏しく、どのような経営が行なわれていたかは不明です。

文明六年（一四七四）以降、資綱・量光父子は都と因幡国を絶えず往復し、朝廷での勤めをそれなりに果たすことになります。完全に朝廷への出仕を放擲《ほうてき》しなかったのは、何らかの計算があったのでしょう。そこで、一つの事件が起こり、特に量光が大きく関与するのです。

❖長享から延徳への改元

その事件というのが、長享《ちょうきょう》から延徳《えんとく》への改元に関わるものでした。果たして、いかなる事件だったのでしょうか。改元の過程を含め、考えることにしましょう。

十五世紀の末期に至っても各地の戦乱が鎮まることはなく、長享（一四八七〜一四八九）の年号もいよいよ改元すべきとの意見が出されるようになりました。改元の理由は、天変・疫病によるものとされています。しかし、この改元作業は驚くほど困難でした。その理由は、改元に携わる人材が圧倒的に不足していたからです。改元を最終的に決定するのは天皇でしたが、それ以前に必要な手続きがあります。その手続きは誰にでもできるものではなく、相応の知識や経験が不可欠でした。その手続きを行なえないほど、朝廷では人材が不足していたのです。

改元に際しては、改元奉行が定められることになっていました。改元奉行は、改元作業の統括を行なう役割を担いました。極めて重要な役割であったことは、いうまでもありません。種々議論したうえで、改元奉行は正親町三条実望《おおぎまちさんじょうさねもち》に決定しました（『親長卿記別記』）。ところが、実望は「まだまだ熟達していない（未熟である）」という理由で辞退しています。実望は自身の技量に不安を感じたのかもしれませんが、この事態が朝廷を悩ませることになりました。

当時、改元伝奏《かいげんてんそう》を務めていた甘露寺親長《かんろじちかなが》は、やむなく中御門宣秀《なかみかどのぶひで》に改元奉行を任せようと考えました。しかし、宣秀もまた「まだまだ熟達していない」という理由で改元奉行を辞退するのです。立て続けに二人に断られたことによって、親長は大変焦ったことでしょう。ここまでくると、本当に「まだまだ熟達していない」というのが本当の理由だったのか疑わしく感じられます。事実は戦乱の最中、面倒なことには関わりたくない、ということだったのではないでしょうか。

このように頼みとすべき人々に改元奉行を次々と辞退され、改元の協議はどんどん遅れることになりました。実に深刻な事態です。この件は親長によって、後土御門天皇に報告されました。同時に親長は、広橋守光《ひろはしもりみつ》に改元奉行を担当してもらおうと考えましたが、もはや普通の頼み方では、受けてもらえないことは自明のことでした。親長は苦悩したことでしょう。

親長は依頼に際し、守光に対して新たな扶持を加えようと考えます。新しい所領を与えることによって、何とか改元奉行を引き受けてもらおうとしたのです。しかし、守光は体調が優れないという理由で、辞退を申し出るのです。想定外のことで、さすがの親長も頭を抱えたことでしょう。親長は守光を必死に説得し、何とか了承させました。「できるだけ面倒なことは引き受けたくない」。激しい戦乱の中で、公家の中にはそのような空気が漂っていたのです。

問題は改元奉行に止まらず、年号勘者《ねんごうかんじゃ》にも起こっていました。年号勘者は、年号を決定する際にその案を考えることを職務としていました。年号を決定する人物には、中国の古典に詳しく、また異国（中国など）の年号や過去の日本の年号にも通じているなど、相当な知識が必要でした。誰にでもできるものではありません。そのため人選には、最大限の配慮が行なわれました。その候補者が柳原量光だったのです。量光は父資綱の学識を受け継いだ、優れた人物でした。

❖したたかな量光

先述のとおり、柳原資綱・量光父子は因幡国法美郡百谷に家領を保持し、文明六年（一四七八）頃から、父子が交代で因幡国在国と上洛とを繰り返していました。ときおり朝廷への出仕をしていましたが、事実上は放棄したような状況にありました。今回の改元に際して親長は、柳原資綱を通じて子息の量光に上洛を強く促しています。理由はいうまでもなく、年号勘者が不足しており、それを量光に担当してもらおうと考えたからです。

しかし、量光はなかなかしたたかな人物で、親長に二つの条件を提示しています。資綱・量光父子が因幡国に下向したのは、経済的に逼迫していたためでした。因幡国における資綱・量光父子の経済状態はあまりわかりませんが、京都にいるよりも割に合っていたので在国し続けたのでしょう。したがって、上洛するには、それなりの条件を呑んでもらう必要があったのです。では、その条件とは、いかなるものだったのでしょうか。

量光が提示した条件とは、極めて現実的なものでした。一つは、ずばり位階を昇進させること。当時の公家に家格があることはすでに述べましたが、できるだけ高い地位を得たいというのは今も昔も変わりません。資綱・量光父子は都と因幡国とを往復する生活を送っており、朝廷での職務はさぼりがちでしたが、このときといわんばかりに思い切った要求をしたのです。もう一つは武家に命じて、近江国にある柳原家領を回復させることでした。資綱・量光父子は、両方が実現すれば、すぐにでも上洛して年号勘者を務め、勘文《かんもん》に応じると申し出ているのです。まさしく朝廷と親長の足元を見るような要求でした。いずれも難しい問題ではありましたが、位階の昇進は認められるところとなり、量光は年号勘者を引き受けることになったのです。近江国の柳原家領の回復に関しては、詳らかにしません。

余談ながら、年号勘者の問題はこれだけに止まりません。例えば、年号勘者の一人であるベテランの唐橋在治《からはしありはる》は、大いに期待されていました。しかし、在治は老齢のために勘者を辞退してきたのです。このような申し出も、予想外のことであったに違いありません。再び親長は頭を抱えることになります。この頃の朝廷は有能な人物が乏しく、仮に存在しても経済的理由で地方に在国するか、あるいは老齢によって勤めを果たせないなど、慢性的な人材不足に悩まされていたのです。このようなことが続き、改元作業は一向に進まなくなりました。

❖ごねる量光

このように朝廷が年号勘者などで対応に苦慮していた頃、急にごねだしたのが量光でした（『親長卿記別記』）。すでに触れたとおり、量光の昇進は決まっていたのですが、授けられる位記《いき》についてクレームを付けたのです、量光の要求は、時間をさかのぼって三条西実隆の位記と同じ日付にしてほしいというものでした。ちなみに位記とは、位を授けられた者に与えられる文書のことを示します。量光には実隆に対するライバル心があったのでしょうか。実隆と同日付の位記でなければ、年号勘者を担当しないとごねだしたのです。これは全く予想外のことでした。

実のところ、当時は朝廷への出仕を放擲して地方に下る公家が多く、朝廷内部でも不愉快の念を抱いている人がたくさんいました。もちろん改元以外にも、朝廷の業務はたくさんありましたが、人材不足で円滑に業務は回らなかったのです。改元奉行や年号勘者を辞退する例を取り上げましたが、それにしても量光の要求は図に乗ったものでしたので、彼らの心情を逆撫でしたことでしょう。

しかし、量光の要求を受け入れなければ、年号勘者の話は無くなってしまいます。そこで、これまで過去にさかのぼって、同日付で位記を発行したことがあるのか、先例を確認することになりました。公家社会では、何かと先例にこだわるのが常だったからです。結局、量光の要求は拒否されて、量光は年号勘者を辞退することになりました。先例のない無理な要求を受け入れることは、秩序の崩壊を招き兼ねなかったからでしょう。このことが量光のプラスになったのか、マイナスになったのかは不明です。

量光の年号勘者辞退後、改元の作業は円滑に進んだのでしょうか。確認しておきましょう。長享三年（一四八九）八月二十一日、長享から延徳へと改元が執り行なわれました。改元の理由は、先述したように天変・疫病によるものです。しかし、決して円滑に進んだわけではありません。年号勘者は持てる知識を最大限に振り絞って、多くの新元号候補を挙げたのですが、選定に際して多くの疑義が提示されたからです。その概要を示すと次のようになります（『後法興《ごほうこう》院記《いんき》』）。

①安永《あんえい》――「安」字は安和《あんな》・安元《あんげん》・安貞《あんてい》で使用されているので不可。

②建正《けんせい》――「建」字は建武《けんむ》以来使用しないことになっている。「正」字も康正《こうしょう》以来三回も使用されているので不可。

③延徳――「延」字は延文《えんぶん》三年（一三五八）に足利尊氏が亡くなっているので、武家方から賛同が得られないので不可。

以上の三点が主だった意見です。実際に採用されたのは「延徳」でしたが、いったんは風向きが悪かったことがわかります。改元作業の人選から決定に至るまで、親長の労苦は計り知れないものがあったことでしょう。

❖資綱・量光父子の行方

都と因幡国とを頻繁に行き来しつつ、したたかな計算で戦国を行き抜いた資綱・量光父子は、その後どうなったのでしょうか。確認しておきましょう。

資綱は、明応《めいおう》九年（一四九九）に丹州へ下向しています。『公卿補任』の記事によると、丹州に家領があったようです。『史料綜覧』によると、この丹州は丹後国とされています。これまでの研究でも、理由はわかりませんが、丹後国と考えられてきました。しかし、柳原家領としては、丹波国兎原荘《うばら》（京都府福知山市）が知られています。したがって、史料にある丹州とは丹後国でなく、丹波国の可能性が高いといえます。丹波国であれば京都から近く、交通の便も丹後国よりよかったことでしょう。

子息の量光は、永正七年（一五一〇）八月十八日に亡くなりました。『公卿補任』によると、直前に因幡国から上洛していたことがわかります。量光は死を察して、急遽上洛したのかもしれません。量光の死に関しては、三条西実隆が「不便《ふびん》不便」と記しています（『実隆公記』）。不便とは不憫《ふびん》と同義で、「かわいそう、気の毒」という意味です。同年十月十日、喪が明けるとともに、量光の子息である資定《すけさだ》が朝廷に出仕しています。

実は、量光の子である資定も、頻繁に因幡国に下向していました。次に、資定について触れておきましょう。

資定は、明応四年（一四九五）に量光の子として誕生しました。早くも文亀二年（一五〇二）には、父量光と因幡国に下向しています。わずか八歳のときです。その後、資定は祖父や父と同様に何度も都と因幡国とを往来していますが、永正七年（一五一〇）八月の父の死の直後には、きちんと出仕をしています（『実隆公記』）。ところで、資定はなかなか波乱の人生を歩んでいます。永正十五年（一五一八）、資定は葉室頼継《はむろよりつぐ》と位階を争っています（『宣胤卿記』）。この争いも、資定が因幡国に在国していることが原因でした。

事の発端は、頼継が資定と同日の位記を授かったことにありました。このことに頼継は、怒りを抑えることができなかったのです。当時、資定は因幡国に在国しており、朝廷の度重なる要請にも応じず、出仕することがありませんでした。頼継は「在国している者には、加級停止の例がある」と主張し、全く譲らなかったのです。同日の位記というのは、あまりに不公平であると感じ、資定の昇進をストップすべきであると考えたのです。

このことがきっかけとなって、頼継は自ら出仕を取り止めました。かなり思い切った行動です。同時に、頼継は禁裏小番の職を解かれてしまいます。結局、頼継は中御門宣胤の仲介があって、ようやく許されたのでした。頼継にしても、いつまでもごねているわけにはいかなかったのでしょう。頼継の思いは、当時まじめに勤めていた公家たちの考えを代弁していたように思います。

天文十四年（一五四五）、資定は周防国へ下向しています（『言継卿記』）。資定が下向した理由は、詳らかにしません。また、弘治《こうじ》二年（一五五六）、資定は筑紫《つくし》から上洛し、朝廷に贈物を献上しています（『御湯殿上日記』）。こちらも下向の理由はわかっていませんが、資定が非常に行動的な人間であったことを感じさせます。地域的に考えると、下向の理由は守護である大内氏を頼った可能性が高いといえるでしょう。当時、大内氏は周防国・長門国を中心にして、九州北部まで威勢が及んでいました。小京都と称された山口には、多くの公家などの文化人が訪れました。家領荘園があったのではなく、単に大内氏の庇護を求めたのかもしれません。

天正六年（一五七八）三月二十七日、資定は突如として出家をしています（『公卿補任』）。出家した理由は、死を覚悟したからでしょう。そして、その三日後の三十日に資定は亡くなりました。八十四歳という非常な高齢でした。亡くなった場所は特に記されていないので、京都であったと考えられます。資定の死には関心が持たれなかったのか、当時の感想などは残っていません。

このように柳原家の場合は、資綱、量光、資定と三代にわたって上洛と下向とを繰り返しました。その間、自らの利益を損なわないよう、巧みに立ち回ったことがわかります。力強く生き抜いた公家の例として、実にユニークなものといえます。

3 戦国武将と戦った冷泉為純

❖冷泉為純の略伝

冷泉為純《れいぜいためずみ》は、先祖と子孫も含めて播磨国三木郡《みき》細川荘《ほそかわ》（兵庫県三木市）に下向したのですが、現地で三木城主の別所長治《べっしょながはる》と戦って亡くなったことが知られています。公家としては、極めて珍しいケースです。最初に、冷泉為純の略歴を記しておきましょう。

厳密にいえば、第二章で取り上げた冷泉為広が上冷泉家に属するのに対し、為純は下冷泉家に属していました。藤原定家を先祖とするのは共通するところで、和歌に優れていた家であるのも全く同じでした。もう一度おさらいをしておくと、定家の子息には、為相《ためすけ》という一子があり、為相の興した家が冷泉家です。為相から四代目を経て、為之《ためゆき》が上冷泉家を、持為《もちため》が下冷泉家をそれぞれ興しました。為純は持為の子孫になります。煩雑になるので、以下「下冷泉」ではなく「冷泉」で姓を統一することにします。

享禄三年（一五三〇）二月八日、為純は為豊《ためとよ》の子として誕生しました（『諸家伝』）。『冷泉系譜事蹟《れいぜいけいふじせき》』によると、母は「別所中務女《なかつかさ》」と記されています。のちに触れますが、為豊は頻繁に播磨国細川荘に下っていました。細川荘付近に勢力を築いていたのが、三木城主の別所氏です。おそらく為豊は別所氏の庇護を受けていたので、その娘を娶《めと》ったのでしょう。ただ、「別所中務」なる人物は今のところ知られていない人物なので、要検討というところです。

為純は、為純と名乗る以前、為房《ためふさ》、為能《ためよし》、俊右《としみぎ》と名乗っていました。なぜこれほど改名をしたのかは判然としません。また、為純の官歴については、特に記すべきようなこともありません。全体的に為純の史料は乏しく、自身の和歌集として『為純歌集』や『冷泉為純百首』がわずかに伝わるのみです。この歌集でさえも、現在の和歌研究で本格的に取り上げられているわけではないのです。戦国末期の歌壇において、為純は重要な位置を占めていなかったと指摘されています。

為純には、三人の子供がいました。長男の為勝《ためかつ》は、弘治三年（一五五七）に誕生しました（『冷泉系譜事蹟』）。最初は俊孝《としたか》と名乗り、のちに為勝に改名しています。為勝は永禄十二年（一五六九）に元服すると、そのまま侍従《じじゅう》に任じられています。その後の官歴は、特筆すべきことはありません。為勝はさらに史料が乏しく、自身の歌集なども残っていないことから、その動向さえもほとんどわかっていません。

◆下冷泉家系図

政為―為孝―為豊―為純┬為勝
　　　　　　　　　　├実名不詳
　　　　　　　　　　└藤原惺窩

三人の子供の内の一人（実名不詳）は、母が「淡河《おうご》越後女」とあります（『冷泉系譜事蹟』）。淡河氏は細川荘付近の有力領主ですので、為純はその娘を妻として迎えたのです。為純がすっかり土地に根付いていたことをうかがわせます。また、為純は和歌などの指導を行ない、見返りとして淡河氏から何らかの経済的援助を受けていたと推測されます。ちなみに、淡河地区は現在、神戸市北区となっていますが、当時は播磨国三木郡と認識されていました。もう一人の子供は、儒学者として有名な藤原惺窩《せいか》です。惺窩については、最後に触れることにしましょう。

当該期における為純・為勝父子の人生は、戦国という未曾有の時代に翻弄され、数奇なものがありました。その前に、冷泉家の家領について述べることにしましょう。

❖冷泉家の家領

冷泉家の家領はたくさんあるのですが、ここでは舞台となる播磨国に絞りたいと思います。播磨国の主な冷泉家領としては、次のものがあります。

①越部荘《こしべ》——たつの市新宮町《しんぐう》
②細川荘——三木市細川町

越部荘は、たつの市新宮町にあった冷泉家領の荘園で、揖保川《いぼがわ》と出雲街道の交差する交通の要衝地にありました。豊かな自然に恵まれた越部荘は、農作物が豊富に収穫されたと考えられます。この地には、平安時代の著名な歌人の藤原俊成《ふじわらのとしなり》の娘が下向したことで知られています。下向したのは、娘の夫である源通具《みちとも》の死が理由でした。俊成の孫娘は出家して越部禅尼《ぜんに》と名乗り、建長《けんちょう》六年（一二五四）に亡くなりました。今もその跡は、「てんかさん」として土地の人々が呼び親しんでいます。しかし、越部荘は冷泉家領としては、長く続きませんでした。

むしろ戦国期まで長く家領として残ったのは、細川荘でした。細川荘もまた、有馬《ありま》街道が通り、美嚢川《みのうがわ》が流れる交通の要衝地に位置していました。細川荘は京都にも近く、往来するのにも便利でした。それゆえに戦国期に至るまで、家領として維持されたのだと考えられます。為純はこの地を舞台に活躍するのですが、実際に為純よりも前の室町期から下向が行なわれていたのです。その点に関しては、のちほど述べることにしましょう。

越部荘や細川荘の付近には、冷泉家の名残のある史跡が数多く残っており、地元の人々の努力によって、今も整備が行なわれています。

❖家領維持の努力

越部荘や細川荘などの冷泉家領の維持・管理は、年を追うごとに困難をきたすようになりました。理由はいうまでもなく、周辺の領主勢力の台頭によって、荘園そのものが侵食されたからです。戦国期における播磨国の有力な領主は赤松氏と別所氏でしたが、ほかの中小領主層も荘園を侵略した可能性があります。以下、冷泉家領の中では比較的史料に恵まれている細川荘を例にとって、状況を確認しておきましょう。

応仁・文明の乱が始まったのは、応仁元年（一四六七）のことです。赤松氏は嘉吉《かきつ》の乱（嘉吉元年・一四四一）でいったん没落し、以後の播磨国守護は山名《やまな》氏が保持していました。しかし、応仁・文明の乱をきっかけにして、赤松氏は半ば強引に播磨国（ほかに備前・美作両国）を奪還しました。以後、百年近くにわたって、赤松氏は播磨国の支配を展開することになります。では、赤松氏と冷泉家は、どのように関わったのでしょうか。以下、特に断らない限り、『冷泉家譜《かふ》』所収文書に基づいて述べていきます。

文明二年（一四七〇）十二月、冷泉政為は家人《けにん》の貞国《さだくに》（姓不詳）を通じて、依藤豊後守《よりふじ》（実名不詳）なる人物に細川荘代官職を与えています。このとき貞国は、年貢・公事《くじ》を懈怠なく納入するように強く念を押しています。文書の末尾には、年貢などの納入を怠った場合、代官職を取り上げる旨を書き記しています。依藤豊後守は年貢などを納める代わりに、手数料を得ていたのです。依藤氏は、付近に勢力基盤を置いた有力領主でした。果たして冷泉家の思惑どおりに事は進んだのでしょうか。

年未詳（文明年間の早い段階と考えられる）ですが、浦上則宗《うらがみのりむね》の配下にあった嶋村越中守なる人物が、依藤氏に宛てて文書を発給しています。則宗は赤松氏配下の有力な被官人で、室町幕府とも関係を持った重臣でした。文書の内容とは、依藤氏が細川荘で違乱に及んでいることを止めるように命じたものでした。依藤氏は細川荘で年貢などを奪って、冷泉家に上納していなかったのです。このように、代官職を得た依藤氏は、京都から遠く離れていることをいいことに、年貢などを自分たちのものにしていたのです。

悪いのは何も、依藤氏だけではありません。文明十二年(一四八〇)四月、室町幕府は赤松政《まさ》則《のり》に対して、守護段銭《たんせん》をかけることを禁止しています。段銭とは、もともと伊勢神宮造営などの国家的な行事などで、朝廷や幕府が課した税の一種です。この頃になると、守護が独自に段銭を課して財源とし、それが恒常化していたのです。冷泉家にとっては負担になりますから、たまったものではありません。

負担は、段銭だけではありませんでした。文明十五年(一四八三)二月、室町幕府は赤松政則に対して、溝堀人夫の役を課さないように命じています。この文書の中では「不入《ふにゅう》の地」と記されており、本来細川荘は守護不入の地だったことがわかります。守護赤松氏はその禁を破って、溝堀人夫の役を課していたのです。溝堀には、細川荘の荘民が動員されました。人夫役も農作業などを中断するので、大きな負担でした。

このような状況をさらに悪化させたのは、文明十五年(一四八三)十二月頃から始まった赤松氏と山名氏との抗争でした。この抗争は十数年に及ぶ長いもので、両氏はもちろんのこと播磨国内の荘園にも深刻な悪影響を及ぼしました。文明十八年(一四八六)五月、室町幕府は赤松政則に対して、細川荘に兵粮米《ひょうろうまい》を課さないように命じています。兵粮米とは、戦争の際に軍兵の食糧とするものです。このような負担が度重なると、荘園から荘民が逃亡するなど、維持・管理が困難になるのです。

この命令は、守護代《しゅごだい》別所則治《のりはる》などを通じて伝えられましたが、あまり効果がありませんでした。同年八月には、室町幕府から再度細川荘が諸役免除の地であること、守護不入の地であることが伝えられています。このように、たびたび伝えられているところをみると、室町幕府の命令というのはほとんど効果がなかったというべきでしょう。以後も同じような状況が続いていますので、一覧にしておきます（いずれも『冷泉家譜』）。

①延徳二年（一四九〇）八月二十八日――数百人の人夫役をかける。
②延徳三年（一四九一）十月四日――造外宮料《ぞうげぐうりょう》役夫工米《やくぶくまい》をかける。
③明応三年（一四九四）十一月二十八日――御元服段銭《ごげんぷくたんせん》をかける。
④永正四年（一五〇七）四月十日――鹿苑院殿《ろくおんいんどの》百年忌仏事《ひゃくねんきぶつじ》のため段銭をかける。
⑤大永元年（一五二一）十月十三日――御元服段銭をかける。

以上のように、細川荘には多くの負担がかけられましたが、その都度「免除の地」あるいは

「守護不入の地」という理由によって、催促が免除されています。しかし、幕府の命令にも関わらず、効果はほとんどありませんでした。これは播磨国における冷泉家の例ですが、おそらく全国的に広く類例はあったと思います。そのように考えると、守護赤松氏による荘園の侵食はごく当たり前になっており、室町幕府の命令も形式的なものに過ぎなかったのかもしれません。

❖冷泉家の播磨国下向

もちろん冷泉家では、この状況を黙って見過ごすわけにはいきませんでした。そこで、細川荘に下向して、直接支配しようと考えました。つまり、自ら細川荘の維持・管理を行なうという実力行使に出たのです。このように、公家自らが下向して自ら荘園支配を行なうことを、「直《じき》務《む》」といいます。

その最初の人物が、先述した冷泉政為でした。政為は文安二年（一四四五）、持為の子として誕生しました。父が亡くなってから姉に養われていましたが（『梅庵古筆伝《ばいあんこひつでん》』）、成長してからは和歌界で活躍しています。和歌の指導者としては、冷泉為広、三条西実隆と並び称されているくらいです。政為の歌集としては、『碧玉集《へきぎょくしゅう》』や『権大納言政為卿着到和歌《ごんだいなごんまさためきょうちゃくとうわか》』が知られています。

政為の細川荘下向を最初に確認できるのは、永正七年（一五一〇）です（『公卿補任』）。このときは、三月から十二月までの九ヶ月にわたりました。三年後の永正十年（一五一三）八月八日には、出家して法名を暁覚《ぎょうかく》と名乗っています（『公卿補任』）。出家は朝廷への出仕を取り止めることを意味し、本格的に細川荘に住む決意表明でもありました。政為は出家直後に近衛尚通《ひさみち》と面会すると、その足で細川荘に向かいました（『後法成寺尚通公記』）。二人は酒を酌み交わして別れましたが、名残惜しさがあったことでしょう。

政為の跡を継いだのは、子息の為孝《ためたか》（一四七五～一五四三）でした。しかし、為孝はしばらくすると、父を追うようにして播磨国に下向しました。『公卿補任』には、永正十三年（一五一六）十月に為孝が摂津国に下向したと記録されています。ただ冷泉家には摂津国に家領荘園がありませんでしたので、『公卿補任』に記された摂津国というのは、細川荘が摂津国に近かったのでそう認識されたのかもしれません。以後の記録にも、たびたび摂津国に下向したという記事が見えます。為孝は翌年四月一日に上洛していますが、これも摂津国からではなく、実際は播磨国からと考えてよいでしょう。

永正十四年（一四一七）以降、為孝が下向したという記録はないのですが、おそらくこの間も下向していたと推測されます。大永元年（一五二一）九月十四日、為孝は権中納言《ごん》の職を辞しています。もう四十七歳になっていました。その目的は、明らかに播磨国下向にありました。その翌々日には、早々に播磨国へ向かったことが記録されています（『二水記《にすいき》』など）。父政為の代から家領維持に努めていましたが、いよいよ本腰を入れることになったのです。

この時期の下向には、少し別の意味があったようです。大永三年（一五二三）九月二十一日、父政為が亡くなっています（『公卿補任』など）。そうなると、為孝が下向した時期というのは、政為の体調が優れなかった時期に重なった可能性があります。為孝は高齢の父に代わって、播磨国へ下向したのです。しかし、播磨国に永住したわけではなく、たびたび上洛もしていたようです。大永六年（一五二六）七月には上洛し、近衛尚通と酒を酌み交わしています（『後法成寺尚通公記』）。

大永八年（一五二八）四月、再び為孝は播磨国に下向しました（『実隆公記』）。ところが、その三年後の享禄四年（一五三一）四月、為孝は出家することを申し出ています（『実隆公記』）。理由は、摂津国の家領がすでに実体がなかったため、自ら長期間在国して回復を図ろうとしたと記されています。しかし、この摂津国というのも間違いで、播磨国細川荘のことだと思います。このときは慰留されたこともあり、為孝は出家を断念しています。早々に出家は許可されなかったのです。

享禄四年（一五三一）十二月、為孝は播磨国で出家しました（『公卿補任』など）。為孝は強い決意をもって、細川荘の維持・管理に当たったものと考えられます。結局、為孝の播磨国下向は長期間にわたり、天文十二年（一五四三）二月に同地で亡くなりました（『公卿補任』など）。その間の事情は不明な点も多いのですが、ほぼ上洛することなく現地で細川荘の経営に当たっていたと考えられます。

入れ替わるように播磨国に下向したのが、為孝の子息である為豊《ためとよ》です（『言継卿記』）。おそらく父為孝と同じ時期には、下向をしていたと考えられます。この間、為豊は都と播磨国とを往復していたようですが、永禄元年（一五五八）からは播磨国に居続けたようです（『冷泉家譜』）。その二年後には、出家したことが知られており、残りの生涯を播磨国で送ったことをうかがわせます。

このように、冷泉家では政為以降、連続して播磨国細川荘に下向していました。その理由が家領の維持にあったことは、間違いありません。彼らの強い決意は、出家して朝廷への出仕を辞し、細川荘の維持管理に専念するという姿勢にあらわれています。特に、晩年の為豊は上洛することがなかったので、都の人々にその死さえ伝わることがありませんでした。家領を守るということは、相当な覚悟が必要だったのです。

❖別所氏との戦い

為豊の跡を継いだのは、冒頭にも触れた子息の為純でした。為純は、永禄八年（一五六五）頃から播磨国に下向したことが諸書の記録などに見えます（『言継卿記』）。しかし、残念なことに、為純が播磨国でどのような生活を送っていたかまでは、詳しくわかっていません。あくまで想像になりますが、別所氏をはじめとする有力領主らに、和歌や学問を教えていたのではないでしょうか。『惺窩先生系略譜《せいかせんせいけいりゃくふ》』によると、為純は相当な蔵書を抱えていたようです。

為純は播磨国細川荘にあって、それなりに満足する生活を送っていたように思います。一方で、為純は朝廷への出仕も怠っておらず、天正四年（一五七六）に従三位に叙され、その翌年に参議に任じられています（『公卿補任』など）。こうした事実を見る限り、為純は父為豊が朝廷への出仕を辞退して、朽ち果てるような人生を送ったことに危機感を抱いたのかもしれません。そのような意味で、為純は非常にバランス感覚に優れていたといえるでしょう。

当時の社会状況を確認しておきましょう。永禄末年頃から織田信長の勢力が大きく伸張し、遅くとも元亀元年（一五七〇）頃から別所長治もその傘下に入っていました。別所氏は赤松氏の庶流に位置付けられる名門で、東播磨に勢力を保持していました。その居城は三木城といい、まさしく細川荘と近い距離にありました。当初、別所長治は信長に従い、各地を転戦していました。特に、信長は毛利氏と対立していたので、長治はその先鋒として大いに期待が寄せられていたのです。

天正六年（一五七八）二月、突如として長治は信長を裏切りました（『信長公記』）。その理由は、これまでの研究において実にさまざまなことがいわれています。

①別所氏は赤松氏の系譜に連なる名門なので、出自の卑しい秀吉の指示には従えないという意見が家中で大半を占めた。

②毛利氏攻略の軍議の場で別所氏の意見が通らなかったため、信長に叛旗を翻した。

③佞人《ねいじん》（口が上手で心がよこしまな人）といわれる伯父別所賀相《よしすけ》に長治がそそのかされて、信長に叛旗を翻した。

いずれの説も、首肯しがたいような気がします。当時の毛利氏は備後国鞆《とも》（広島県福山市）に将軍足利義昭を受け入れ、大坂本願寺とも連絡を取って「信長包囲網」を構築していました。その流れからいえば、長治も毛利氏と義昭の誘いに応じて、信長に叛旗を翻したと見るべきでしょう。長治は複雑な政治情勢を分析して、毛利氏が有利と判断したのです。長治が叛旗を翻した翌月、義昭は別所氏が味方についたことを非常に喜んでいます（『吉川家文書』）。長治が信長に叛旗を翻したことに伴い、小寺《こでら》氏などの近辺の領主も毛利氏に従っています。

このような社会情勢の中で、細川荘にあった為純も何らかの政治判断を迫られたと思います。

つまり、信長と長治のいずれに従うか、という問題です。この間の史料を欠くのですが、おそらく為純は信長に与同することを選択したのでしょう。そのため、別所氏によって、細川荘の館を攻撃されました。為純は子息の為勝とともに防戦に努めましたが、所詮は武力を持っていないので、天正六年（一五七八）四月一日に討たれました（『惺窩先生系略譜』）。このとき冷泉家の貴重な蔵書は、灰燼《かいじん》に帰したと記されています。わざわざ記録しているところを見ると、かなり重要な典籍類があったのでしょう。

為純は四十九歳、為勝は二十二歳という若さでした。『公卿補任』には「横死《おうし》」と記されており、無念の死であったことをうかがわせます。この戦乱を悲しい目で見ていたのが、当時まだ十七歳の青年であった為純の子息の藤原惺窩です。惺窩はのちに京都の相国寺《しょうこくじ》に入り、ひたすら学問に打ち込みました。後年には徳川家康に招かれるなど、近世儒学の祖と称えられています。そして、後継者として林羅山《はやしらざん》などを養成し、近世の政治思想に多大なる影響を与えたのです。

為純は細川荘を維持・管理し、何とか経済的にも自立した生活を送ろうと考えたに違いありません。しかし、実際には戦乱に巻き込まれ、公家としては珍しく戦国武将と戦うことになりました。冷泉家は滅びたかのように見えましたが、惺窩のような優れた人物を輩出したことは救いだったのかもしれません。

第四章　戦国大名と公家との婚姻関係

1　今川氏親の妻・寿桂尼

❖今川氏親の略伝

今川氏親《いまがわうじちか》と聞いても印象が薄いかもしれませんが、桶狭間《おけはざま》の戦いで敗れた義元《よしもと》の父といえばピンとくるかもしれません。氏親は文明三年（一四七一）、駿河国守護今川義忠《よしただ》と北川殿《きたがわどの》（北条《ほうじょう》早雲《そううん》の娘）の子として誕生しました。幼名は、龍王丸《たつおうまる》といいます。氏親が生まれたとき、まだ応仁・文明の乱の真っ只中にあり、全国的な争乱が展開されていました。今川氏もその余波を受け、奔走する日々を送っていたのです。

今川氏と隣国である遠江国守護斯波《しば》氏との対立が深刻化する中、氏親の父義忠は文明八年の出陣中に不慮の死を遂げることになります。今川家の家督は、氏親と義忠の従兄弟である小鹿《おじか》範満《のりみつ》が争うことになりますが、両者の紛争に古河公方執事《こがくぼうしつじ》の上杉政憲《うえすぎまさのり》と太田道灌《おおたどうかん》が介入したため、家督争いは混沌としました。そこへ救いの手を差し伸べたのが、伯父の北条早雲です。早雲は家督争いの仲介に入り、氏親が成長するまで範満が家督を代行することで決着しました。

しかし、範満は氏親が十五歳になっても約束を守らず、家督を譲りませんでした。憤った氏親は母の北川殿とともに、伯父の北条早雲を再び頼ることになります。援助を依頼された早雲は、範満の館を攻撃し殺害することに成功しました。長享元年（一四八七）のことです。氏親が元服し、龍王丸から名を改めたのもちょうどこの頃でした。こうして名実ともに氏親は、今川家の当主になったのです。

氏親の代に至って、今川家は急速な領土拡大に乗り出します。積極的に斯波氏の領国である遠江国へ侵攻するのは、明応三年（一四九四）頃からです。軍事行動には、やはり伯父である早雲の助力を得ていました。さらに、関東・中部方面への進出も盛んになり、甲斐武田氏との交戦にも及んでいます。このように今川氏は戦線を拡大し、永正十四年（一五一七）には悲願であった遠江国をついに入手しました。

内政面においても、氏親はその力量を発揮しています。例えば、検地（土地を測量し課税ベースを決めたうえで年貢徴収を行なう）をいち早く実施しました。もっとも特筆すべきは、有名な武家家法『今川仮名目録《いまがわかなもくろく》』を制定したことです。氏親が亡くなる二ヶ月前の大永六年（一五二六）四月のことでした。『今川仮名目録』の制定には、氏親の妻寿桂尼《じゅけいに》が関わったと指摘されていますが、こちらはのちほど触れたいと思います。

和歌や連歌などの教養も豊かであった氏親でしたが、晩年は中風《ちゅうぶう》（脳血管障害の後遺症である半身不随、言語麻痺など）で苦しめられたため、十分に政治に関与することができませんでした。こうして大永六年六月二十三日、病床にあった氏親は駿府で波乱の生涯を終えます。葬儀は増善《ぞうぜん》寺《じ》（静岡市）で執り行なわれ、僧侶七千人が参列する壮大なものとなりました。

晩年の氏親を助けたのは、寿桂尼でした。次に、寿桂尼の周辺について述べることにします。

❖寿桂尼と中御門家

氏親が寿桂尼と結婚したのは、永正二年（一五〇五）のことといわれています（ほかにも永正五年説があります）。寿桂尼は中御門宣胤《なかみかどのぶたね》の娘ですが、生年はわかっていません。最初に、中御門家について触れておきます。

中御門家は、勧修寺経利《かじゅうじつねとし》の四男経継《つねつぐ》が興した家です。家格は、名家《めいけ》になります。経継は後宇《ご う》多《だ》上皇の側近として仕え、院の評定衆《ひょうじょうしゅう》として活躍しました。その後も中御門家は、天皇の側近的な役割を果たし、代々朝廷に仕えています。ただし、それほど目立った動きをしていません。その中で、異彩を放ったのが中御門宣胤でした。

宣胤は、嘉吉二年（一四四二）に明豊《あきとよ》の子として誕生しました。母は、法印慶覚《ほういんけいかく》の娘です。宣胤は朝廷の実務に明るく、後花園《ごはなぞの》天皇と後土御門《ごつちみかど》天皇の蔵人頭《くろうどのとう》を務めるなど、両天皇から厚い信頼を得ていました。応仁・文明の乱によって、朝廷は著しく衰退しますが、その中にあって宣胤は朝儀《ちょうぎ》再興に力を尽くします。朝儀とは朝廷の儀式のことですが、度重なる戦乱で経済的にも疲弊し、中断していたのです。また、宣胤は最高の知識人といわれた一条兼良に有職故実を学び、若い公卿らの指導にあたりました。和歌や書に優れており、主要な著作として『万葉《まんよう》類葉抄《るいはしょう》』（『万葉集』の事項索引）があります。

寿桂尼は、この優れた知識人である父のもとに誕生しました。寿桂尼の兄弟には、長男の宣《のぶ》秀《ひで》と次男隆永《たかなが》（のちに四条隆量《しじょうたかかず》の養子）がいます。姉妹には、山科言綱《やましなときつな》の妻、尚子《ひさこ》（典侍《てんし》）の名が知られています。ところで、中御門宣胤と今川氏には、どのような接点があったのでしょうか。氏親と寿桂尼が結婚したと考えられる永正二年以前で、宣胤と今川氏との接点を確認することはできません。これまでの研究でも、両者の関わりについていろいろと検討されてきましたが、次の二つの説が有力であると考えられています。

①氏親の曾祖父今川範政《のりまさ》と中御門家との間に交流があったこと。

②氏親の姉が正親町三条実望《おおぎまちさんじょうさねもち》の妻であったこと。

もう少し詳しく見ておきましょう。①の今川範政は駿河国守護を務めており、歌人としても優れた存在でした。範政には『浅間宮和歌《せんげんぐうわか》』のほかに、『源氏物語提要《げんじものがたりていよう》』（『源氏物語』の注釈書）、『富士記《ふじき》』（紀行文）などの著作があります。教養人である範政は、当時中御門家と交流がありました。時間は一世紀余りを隔てていますが、史料が残っていないだけで、両者には長い交流が続いていたのかもしれません。

もっとも現実的なのは、②になります。正親町三条実望は、大臣家《だいじんけ》の家格を有する公家で、摂関家《せっかんけ》、清華家《せいがけ》に続く名門でした。九代将軍足利義尚《よしひさ》の側近としても知られています。実望は、明応九年（一五〇〇）から文亀二年（一五〇二）にかけて、駿河国に下向しています。このとき、実望が氏親と面会したことは確実であり、宣胤の意向を汲んで寿桂尼との結婚をまとめあげた可能性は高いと考えられます。宣胤にすれば、有力大名との縁戚関係を結ぶことは、今後地方に下向することを念頭に置けば、願ったり叶ったりというところでした。

◆今川家・中御門家・正親町三条家関係図

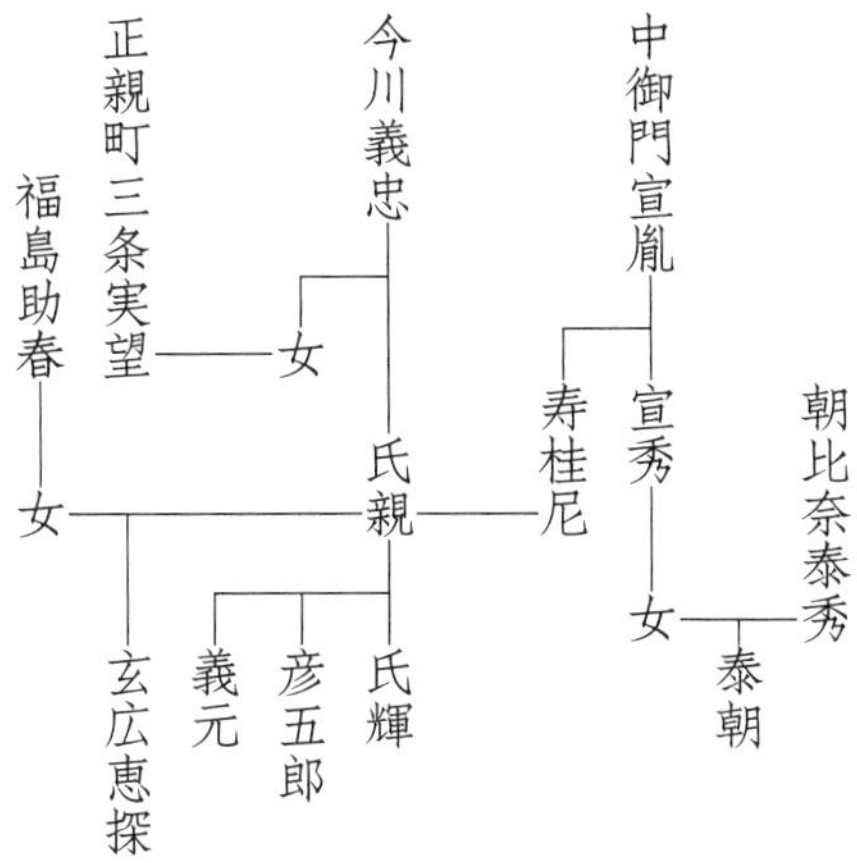

今川氏にとっても、宣胤や実望を介して天皇・朝廷と繋がることは、大きなメリットであったに違いありません。また、公家から妻を迎えることは誇らしいことでもあったでしょう。したがって、今川家と中御門家の接点は、正親町三条実望に求めるのが自然であると考えます。

❖氏親の晩年と寿桂尼

氏親と結婚した寿桂尼は「大方殿《おおかたどの》」と呼ばれ、三人の男子に恵まれました。三人とは、次の人物です。

①今川氏輝《うじてる》（一五一三〜一五三六）――長男・今川家第八代当主
②今川彦五郎《ひこごろう》（?〜一五三六）――次男・詳細不明
③今川義元《よしもと》（一五一九〜一五六〇）――三男・今川家第九代当主

次男の彦五郎は謎の人物とされており、残された記録も断片的です。しかし、長男の氏輝と三男の義元は、のちに今川家の当主になっています。

氏親は子にも恵まれ、遠江国そして三河国へと勢力圏を広げる中で、寿桂尼は幸せな日々を送っていました。しかし、先にも触れましたが、晩年の氏親は体調を崩しがちでした。連歌師の宗長《そうちょう》は今川家の重臣である朝比奈泰以《あさひなやすもち》に書状を送っていますが、その中で氏親が中風を患っていることを記しており（「宗長手記」）、それはだいたい永正十三・十四年（一五一六・一五一七）頃と考えられています。当主が病になることは氏親個人の問題に止まらず、今川家に暗い影を落としました。

この間、寿桂尼が氏親とどう接したかはわかりませんが、必死に看病をし、夫を支えたことでしょう。しかし、氏親が病に伏せがちになると、必然的に負担が寿桂尼に寄せられることになります。大永四年（一五二四）頃に氏親は出家し、法名を「紹僖《しょうき》」としました。同時に、氏親の発給文書には「紹僖」という署名と「紹貴」という印文の朱印が捺されるようになりました。ところが、これ以降の氏親の発給文書からは、奇妙な点を見出すことができます。

これまでの研究によると、大永六年六月十二日に発給された文書には、印文「氏親」の朱印が捺されています（「七条文書」）。氏親が亡くなったのは同年六月二十三日ですから、死の直前のものです。ところが、この文書には「紹貴」という印文の朱印が捺されておらず、本文が仮名交じり文で書かれていることから、寿桂尼が以前の「氏親」印を用いて発給したと推測されています。つまり、死期が近くなり判断ができなくなった氏親に代わって、寿桂尼が文書を発給したということです。氏親の死の直前頃から、寿桂尼は政治に関与していたことになります。

この点を敷衍して、『今川仮名目録』の制定についても論及があります。『今川仮名目録』は、大永六年四月十四日に制定された戦国大名家法の一つです。まず大永六年に氏親によって三十三ヶ条が制定され、天文二十二年（一五五三）に義元により二十一ヶ条が追加されました。『今川仮名目録』の特色としては、室町幕府権力の影響を受けず、今川氏自身が独自に制定した点が強調されているところにあります。それゆえに、戦国大名家法の中でも、特に注目を集めているのです。

この『今川仮名目録』の制定に際しては、寿桂尼が中心的な役割を果たしたようです。その根拠を列挙すると、次のようになります。

①『今川仮名目録』は氏親の死の二ヶ月前に制定されており、寿桂尼は死を予期して作業を進めていたと考えられること。
②文体が真字《しんじ》（和様漢文）でなく、女性特有の仮名で書かれていること。
③『今川仮名目録』の中で「分国のため、ひそか《（密か）》にしるしをく《（記し置く）》所也」とあり、いつのまにか制定されたように配慮していること。
④先述のとおり、氏親の晩年に寿桂尼が代行して文書を発給しており、政治的な関与が認められること。

これらの意見に関しては、いくつかの反論もあります。例えば、②に関しては、『塵芥集《じんかいしゅう》』（陸奥国・伊達氏）や『結城氏新法度《ゆうきししんはっと》』（下総国・結城氏）などのように仮名で書かれたものも存在しており、『今川仮名目録』だけが特殊なわけではないというものです。戦国大名家法が広く読まれることを意識したものならば、仮名交じりのほうが適しているかもしれません。しかし、直接的に寿桂尼が制定に関わったという史料がないだけに断言はできませんが、中心的な役割を担ったのは事実ではないかと思います。

③で記した文章の前段を含めて改めて掲出すると、「右條々、連々思当るにしたかひて《（従いて）》、分国のため、ひそか《（密か）》にしるしをく《（記し置く）》所也」とあります。つまり、氏親は領国支配を円滑に行なうため、日頃から思い当たることを密かに書き留めていたのです。氏親が憂慮していたのは、相論に際して規範となるべき法令がないことでした。先の文章のあとには、「箱の中を取出、見合裁許あるへし」とあります。つまり、問題が生じたときは箱の中から『今川仮名目録』を取り出し、裁許の参考にせよということです。

死期を悟った氏親は、後代の指標とするため『今川仮名目録』の制定を指示したのかもしれません。その中心に寿桂尼がいたのは、間違いないでしょう。『今川仮名目録』は氏親の遺言であり、残された寿桂尼や後継者の氏輝への置き土産のような性格を帯びていたように思います。氏親は編纂された『今川仮名目録』を確認し、自ら「紹僖」の印を捺したのです。

次に触れるとおり、氏親死去後の寿桂尼は、後継者の氏輝を支えて「女戦国大名」と称されるほど政治に深く関与しますが、これまで述べてきたように、その端緒は氏親の晩年に認められるのです。

❖女戦国大名、寿桂尼

晩年の氏親は病に苦しみましたが、死の前年の大永五年（一五二五）に長男の氏輝を後継者に据えています。当時十三歳の氏輝は、駿河国を訪れていた連歌師の宗長から『古今集聞書《こきんしゅうききがき》』五冊を贈られています（「宗長日記」）。しかし、氏親が亡くなった段階で、氏輝はまだ十四歳の少年に過ぎず、氏輝が単独で政治を行なうことはできません。必然的に母である寿桂尼や今川家の重臣たちのサポートを必要としました。これが、女人政治の始まりです。

寿桂尼は全部で二十七通の文書を発給しており、次のように時期が区分されています。

①大永六年（一五二六）～天文三年（一五三四）

②天文十六年（一五四七）～永禄二年（一五五九）

③永禄六年（一五六三）～永禄七年（一五六四）

この時期区分は、そのおりおりの政治情勢に左右されています。①は氏輝がまだ幼かったため、代わりに文書を発給していた時期です。②は花倉《はなくら》の乱（花蔵の乱とも）を経て、今川義元権力が確立した安定期に相当します。③は永禄三年の桶狭間《おけはざま》合戦での義元の敗死後、今川氏権力がもっとも動揺していた時期です。

寿桂尼発給文書の特色としては、第一に「帰（「とつぐ」と読む）」という朱印が文書の書き出しの部分、または年附の部分に捺されていることです（「大山寺文書」など）。古文書学のテキストには、一般的に女性は印を用いないとされていますので、極めて珍しいといえます。こうした事例は、ほかに播磨国守護である赤松政則《あかまつまさのり》の妻洞松院尼《どうしょういんに》の例を挙げることができます（洞松院尼は「釈」という印文の黒印を捺した）。洞松院尼も夫である政則の歿後、養子の義村《よしむら》を支えて政治を代行していたのです。

寿桂尼発給文書の文体はごく一部を除いて、仮名交じりの文章で記されています。女性特有といえるでしょう。そして、氏親が亡くなった直後の文書には「そうせん（増善）寺殿の御判にまかせて」という文言が末尾に記されています。「増善寺殿」とは、亡き氏親のことを示しています。寿桂尼は代替わりに際して、氏親の政策を引き継ぐことを明言しているのです。つまり、①の時期においては、寿桂尼の専制政治というよりも、氏輝が成長するまでの中継ぎ的な存在であったことがわかります。

氏輝が成長した段階で、寿桂尼は引退したと考えられます。しかし、②の時期でも、活発に文書を発給しているのです。その宛先が主に寿桂尼に関係する寺社であることから、寺社領の安堵・寄進などの諸権限を掌握していたことが指摘されています。加えて、寺院や国人《こくじん》、給人《きゅうにん》層の訴訟に関わった事実も紹介されています。寿桂尼晩年の発給文書には、自らの意思を反映させる直状形式の「仍如件（仍《よ》って件《くだん》の如《ごと》し）」の書止文言《かきとめもんごん》で終わるものもあることから、かなり積極的な姿勢で政治に関わっていた様子がうかがえるのです（「徳願寺文書」）。

寿桂尼の発給文書はわずか二十七通に過ぎませんが、多くのことを語ってくれています。当初、寿桂尼は氏輝への中継ぎ的な役割を果たしていましたが、今川家の危機が起こると深く政治に関与した様子を知ることができます。その事実が寿桂尼の発給文書にあらわれているのは、誠に興味深いといえるでしょう。

❖花倉の乱と寿桂尼

若き氏輝は、母寿桂尼のサポートにより領国支配を行なっていましたが、大永末年から天文初年にかけては自分で文書を発給するようになります。いよいよ独自の執政を開始することになったのです。氏輝は検地を実施するなど意欲的に政治に取り組みましたが、病弱だったといわれており、天文五年（一五三六）に急死しました。まだ、二十四歳という若さでした。氏輝が結婚していたかさえもわかっておらず、後継者となる実子もいませんでした。それが原因となり、家督をめぐる争いが勃発するのです。いわゆる花倉の乱です。花倉とは現在の静岡県藤枝市にある地名で、玄広恵探《げんこうえたん》（一五一七〜一五三六）がこの地で挙兵したことから、花倉の乱といわれています。

氏輝に実子がいなかったため、後継者は弟二人に絞られました。その一人が、氏親の三男で氏輝の弟の義元です。寿桂尼の実子でもありました。義元は兄氏輝がいたため、幼少期に出家し、梅岳承芳《ばいがくしょうほう》と名乗りました。今川氏の軍師・政治顧問でもある太原雪斎《たいげんせっさい》のもとで学び、京都の建仁寺《けんにんじ》や妙心寺《みょうしんじ》で修行を積み、のちに駿河国善得寺《ぜんとくじ》に入寺しています。氏輝が長生きすれば、義元は禅僧として生涯を終えたかもしれません。

義元のライバルとなったのが、玄広恵探です。恵探は氏親と側室（福島助春《くしますけはる》の娘）との間に生まれ、義元の異母兄にあたります。福島助春は今川家の重臣で、家中でも大きな影響力を持っていました。恵探もまた義元と同じく幼い頃に出家し、駿河国遍照光寺《へんしょうこうじ》の住持となっていました。氏輝が歿したために、恵探の存在が俄然クローズアップされたのです。

これまで花倉の乱は、義元を擁立する寿桂尼が太原雪斎と結託し、福島氏が擁立する玄広恵探を打倒したとされてきました。しかし、近年では関連史料の解釈をめぐって、新しい説も提起されているので、その辺りを踏まえて寿桂尼の役割を考えてみたいと思います。問題となるのは、武田家家臣の駒井政武《こまいまさたけ》の手になる『高白斎記《こうはくさいき》』天文五年五月二十四日条の記事です。次に、現代語訳して掲出します。

五月二十四日夜、氏輝の母寿桂尼が福島越前守の宿所を訪ね、玄広恵探と同心して、翌二十五日の未明から駿府で戦った。その夜、福島党は久能へ引き籠った。

この史料で問題となるのは、傍線部分です。この部分――特に「同心」という言葉――を素直に受け取ると、寿桂尼は義元ではなく玄広恵探に加担したことになります。そこで、「同心」を「妥協が成って」と解釈するなど、さまざまな見解が提示されました。一方で、当時の状況を考慮すれば、情報伝達の混乱や書き間違いの可能性もあり、この記事をそのまま受け取るべきではないとの指摘もあります。その後、寿桂尼が何の処罰も受けていないことを考えると、恵探とともに義元に対抗したとは考えにくいところです。したがって、従来説に拠ったほうが自然であるといえます。

『高白斎記』の記事とともに問題となるのが、「岡部文書」（天文五年十一月三日今川義元書状）の記述です。この義元の書状には、寿桂尼が玄広恵探に「住書《じゅうしょ》」を持参したが、それを岡部氏が取り戻したとの記述があります。この記述は、寿桂尼が恵探に与《くみ》したことを示す史料としても扱われています。寿桂尼が「住書」を持参し、恵探のもとを訪ねたのが不自然なことだからです。ここで問題となるのが、「住書」という言葉の意味です。これまでは、次の三つの考え方が示されてきました。

①「住書」とは「注書《ちゅうしょ》」の誤記であり、意味は「何らかの書物・書類」を示しているという説。

②「住書」とは、寿桂尼が玄広恵探に示した「妥協案の内容を書いた覚書」を示しているという説。

③「住書」とは「重書《ちょうしょ》」のことであり、「足利将軍から権利などが付与された文書」を示しているという説。

この中でもっとも妥当性があるのは、③の説になります。実際に、天文五年五月の段階で、義元は室町幕府から家督相続を認められ、十二代将軍足利義晴《よしはる》から「義」の字を拝領しています（「大舘記所収往古御内書案《おおだちきしょしゅうおうこごないしょあん》」）。つまり、寿桂尼は太原雪斎とともにあらかじめ義元の家督相続を申請し、許可を得ていたのです。寿桂尼は実家である中御門家を通じて将軍とのパイプを持っていたと考えられますので、その外交ルートを生かしたのでしょう。

そうなると、先述した寿桂尼が玄広恵探を訪ねたというのはどう解釈できるのでしょうか。寿桂尼は「住書（重書）」を恵探に持参し、家督継承を断念するように説得したものと考えられます。この「住書（重書）」には、義元が室町幕府から家督を認められたことが記されていました。「住書（重書）」を見た恵探らは、大変驚いたことでしょう。そこで、「住書（重書）」を奪い、証拠を隠滅しようとしたのかもしれません。要するに岡部氏は、義元に従って「住書（重書）」を奪い返したのです。

このように考えると、改めて今川家中における寿桂尼の地位の重さを実感することができます。都を出て今川家に嫁いだ寿桂尼でしたが、まさかこのような争乱に巻き込まれるとは、思いもしなかったに違いありません。花倉の乱の中で家督を継承した義元ですが、永禄三年（一五六〇）の桶狭間の戦いで横死したことは周知のところです。義元の死後、今川家は没落の一途をたどりました。寿桂尼が亡くなったのは、永禄十一年三月二十四日のことです。墓は、静岡市内の龍雲寺《りょううんじ》にあります。

❖中御門家のメリット

氏親と寿桂尼が結婚することによって、中御門家には何らかのメリットがもたらされたのでしょうか。その点を考えてみましょう。

中御門宣胤の日記『宣胤卿記《のぶたねきょうき》』を見ると、氏親から宣胤に対して金品や贈答品（駿河の名産品など）が贈られたことがわかります。当時、窮乏していた宣胤にとって、今川家からの「仕送り」ともいうべき金品や贈答品はありがたいものだったに違いありません。その見返りとして宣胤は、『太平記抜書《たいへいきぬきがき》』や『枕草子』を書写して贈っています。文芸に関心を寄せていた氏親は、たいそう喜んだことでしょう。こうした贈答品のやり取りは、双方に大きなメリットがあったのです。同時に、宣胤が地方文化に貢献したことも注目すべき事実です。

宣胤が氏親と強力な関係を結んでいたことが影響し、宣胤の子息宣秀《のぶひで》の娘が朝比奈泰能《やすよし》に嫁ぎました。永正十五年（一五一八）のことです。朝比奈泰能は今川家の重臣であり、のちに数々の戦いで軍功を挙げる人物です。朝比奈氏は寿桂尼の兄宣秀の娘を娶ることによって、今川氏とも姻戚関係を結んだことになります。こうして宣秀は、今川家と重臣間とのパートナーシップを強くする役割も果たしました。

のちに、宣秀をはじめ中御門家の人々は駿河国を訪れるようになります。彼らが歓待されたことはいうまでもありません。戦乱期には多くの公家が下向しましたが、中御門家では今川家と結ぶことによって、有力な下向先を確保したのでした。したがって、寿桂尼の輿入れは大変意義深く、中御門家に大きなメリットをもたらしたといっても過言ではないのです。

2 武田信玄の妻・三条の方

❖武田信玄の略伝

武田信玄《たけだしんげん》の名前を知らない人はいないと思いますが、簡単にその略伝を記しておきます。なお、信玄は出家後の名前で実名を晴信《はるのぶ》といいますが、煩雑さを避けるため、よく知られた「信玄」で統一します。

大永元年（一五二一）十一月、信玄は信虎《のぶとら》の子として誕生しました。母は、大井信達《おおいのぶさと》の娘です。大井氏は甲斐武田氏の流れを汲み、甲斐国西部の上野《うえの》城を本拠としていました。しかし、大井氏は武田氏に属することなく、駿河国今川氏と結んでいます。十六世紀初頭、今川氏は甲斐国に攻め込みましたが、のちに和睦しました。同時に、大井信達も武田氏と和睦し、その証《あかし》として娘を信虎のもとに嫁がせたのです。まさしく戦国時代に広く行なわれた、政略結婚そのものでした。

天文五年（一五三六）、信玄は十二代将軍足利義晴の一字を拝領して元服し、晴信と名乗りました。その五年後には、徐々に対立を深めていた父信虎を放逐し、家臣団の支持を得て武田家当主の座に着いています。ここから信玄の破竹の快進撃が続きます。天文十一年（一五四二）以降、信玄は信濃国へ侵攻を開始し、のちには越後国の長尾景虎《ながおかげとら》（のちの上杉謙信）との対立を深めることになります。信玄と景虎との戦いの中で、五回にわたる川中島合戦はあまりにも有名です。信玄の勢力範囲は、さらに上野国西部、飛驒国、駿河国など、周辺諸国に及びました。

信玄の軍事侵攻に伴い、上杉氏だけでなく今川氏や北条氏との軋轢《あつれき》も生じています。信玄は、今川義元と北条氏康《うじやす》との婚姻関係による三国同盟を結んだりしますが、やがて破綻しています。信玄は周辺の有力大名や中小領主と戦い、また同盟と離反とを繰り返しながら、自らの勢力範囲を徐々に広げていきました。そして、元亀三年（一五七二）に三河国三方原《みかたがはら》で織田信長・徳川家康の連合軍を打ち破ると、いよいよ西上の途につきました。足利義昭の呼び掛けに応じるためです。

ところが、翌元亀四年（一五七三）、三河国野田《のだ》城を包囲している最中、信玄は突如病に倒れてしまいました。ここで武田軍は進軍を取り止め、退却することになります。信玄は胃癌であったといわれており、病状は悪化の一途をたどりました。結局、信玄は甲斐国へ着陣する途中、信濃国駒場《こまんば》で亡くなってしまいます。五十三歳でした。その死は三年間伏せよとの遺言があったため、信玄の葬儀が甲斐国恵林寺《えりんじ》（塩山市）で執り行なわれたのは、天正四年（一五七六）のことでした。

以上のように、信玄は波乱の人生を送ったのですが、その活動を陰で支えたのは本妻・側室たちでした。次に、信玄の妻たちについて、述べることにしましょう。

❖武田信玄の妻たち

戦国時代の婚姻は、ほぼ間違いなく政略結婚でした。婚姻という手段を通して、彼らは同盟関係を構築したのです。もちろん信玄の結婚も例外ではありません。信玄の妻たちは、いかなる女性だったのでしょうか。まずは本妻である三条《さんじょう》の方《かた》を除いて、信玄の側室について述べることにしましょう。

信玄が最初に結婚したのは、天文二年（一五三三）のことです（『妙法寺記《みょうほうじき》』）。信玄は、まだ十三歳でした。結婚相手は、武蔵国の川越城主上杉朝興《ともおき》の娘でした。朝興は朝寧《ともやす》の子として誕生しましたが、のちに叔父の朝良《ともよし》の養子となり、扇谷《おおぎがやつ》上杉氏の当主になりました。扇谷上杉氏は関東管領《かんとうかんれい》の家格を持つ名門でしたが、十六世紀以降は北条氏の台頭に危機感を募らせていました。事実、大永・享禄年間には何度も北条氏と刃を交えています。朝興が娘を信玄に嫁がせたのは、対北条政策であったことは疑いありません。翌天文三年（一五三四）、朝興の娘は懐妊しましたが、十一月には亡くなっています。

信玄の側室としては、禰津元直《ねづもとなお》の娘がいます。禰津御寮人《ごりょうにん》とも呼ばれていました。父の元直は、信濃国小県郡《ちいさがたぐん》禰津を本拠とする国衆でしたが、天文十年（一五四一）に信玄の父信虎が小県郡に侵攻するとたちまち降伏し、その配下に収まっています。翌天文十一年（一五四二）十二月、元直の娘は信玄の側室になりました（『高白斎記』）。しかし、一説によると、この記事は元直の娘が側室になった記事ではなく、後述する諏訪《すわ》御寮人の記事であるとの指摘もあります。信玄と元直の娘との間には、三人の男子が誕生しました。

もう一人の信玄の側室は、油川信恵《あぶらかわのぶしげ》（あるいは子の油川信貞《のぶさだ》）の娘です。油川氏は、甲斐武田氏の有力な一族です。実は、側室となった娘の父の名は各書によってまちまちで、信恵であるのか信貞であるのか未だ確定に至っていません。信玄は一族から側室を迎えることで、関係をより強固なものにしようと考えたのです。信恵の娘は、仁科盛信《にしなもりのぶ》、葛山《かつらやま》信貞、松姫、菊姫ら多くの子供に恵まれました。仁科盛信、葛山信貞は、それぞれ信濃国仁科氏、駿河国葛山氏の家督を継承しており、武田氏の勢力拡大の中核を担いました。

最後にもう一人、諏訪御寮人を取り上げておきましょう。天文九年（一五四〇）、武田信虎の娘禰々《ねね》が諏訪頼重《よりしげ》のもとに嫁いでおり、両者の関係はもともと深いものがありました（『神使御《おこうお》頭之日記《とうのにっき》』）。諏訪氏は、信濃国諏訪大社の大祝《おおほうり》を務める名族で、上原城に本拠を定めていました。それゆえ頼重は信虎に従って行動していましたが、翌天文十年に信玄が家督を継承すると、事情は一変します。

天文十一年（一五四二）六月、先述のとおり信虎は信玄によって追放されました。同時に信玄は諏訪郡への侵攻を開始し、上原城を攻撃しています。翌月、頼重は降伏すると甲斐国へ連行され、東光寺《とうこうじ》での幽閉生活を余儀なくされました。その直後、頼重は弟の頼高《よりたか》とともに自害し、名門諏訪氏は滅亡することになります。信玄が頼重の娘（諏訪御寮人）を側室に迎えたのは、諏訪氏滅亡から時間を隔てていないと考えられます。父を自害させられた諏訪御寮人の心情が察せられるところです。

信玄が諏訪御寮人を側室に迎えた狙いは、いかなるところにあったのでしょうか。信玄が子息の盛信に仁科氏の名跡を継がせたのはすでに述べましたが、それと同じことを実行しようと考えたのです。天文十五年（一五四六）、諏訪御寮人は勝頼《かつより》を産んでいます（『高白斎記』）。諏訪家には頼重の遺児である千代宮丸《ちよみやまる》がいましたが、諏訪家を継ぐことなく廃嫡されています。そして、勝頼が成長を遂げた永禄五年（一五六二）六月、諏訪家の名跡を継いだのです。勝頼の「頼」字は、諏訪氏歴代が用いたものでした。

このように、信玄の婚姻は、勢力拡大の方策として重要視されました。この事実は、武田氏だけの特殊な事例ではありません。全国の戦国大名や中小領主にほぼ普遍的に見られたものです。そして、次に触れるように、信玄が公家の三条公頼《きんより》の娘を本妻に迎えたことには、大きな意味があったのです。

❖三条の方の周辺

信玄が三条公頼の娘（次女）を娶ったのは、天文五年（一五三六）のことといわれています。娘はのちに三条の方と呼ばれました。では、三条公頼とはいかなる人物なのでしょうか。

三条家は転法輪《てんぽうりん》三条家ともいい、藤原公実《きんざね》の子実行《さねゆき》をその祖とします。転法輪三条家と称するのは、別に正親町《おおぎまち》三条家を名乗る家があり、それと区別するためです。家格は、清華家《せいがけ》です。公頼は太政大臣を務めた実香《さねか》（一四六九～一五五九）の子として、明応四年（一四九五）に誕生しました。公頼の昇進に特筆すべきことはありませんが、天文十五年（一五四六）一月には左大臣に就任しています（『公卿補任』など）。しかし、『公卿補任』によると、その二ヶ月後には左大臣を辞しています。理由は記されていません。

公頼はたびたび地方に下向したことが知られています。次に、下向した国名と期間を挙げておきましょう。

①享禄二年（一五二九）四月二日～同年五月二十五日――能登国
②天文三年（一五三四）十一月～天文四年五月十三日以前――周防国

③天文五年三月（一五三六）三月〜同年五月二十九日――――甲斐国
④天文十二年（一五四三）四月八日〜同年六月十八日――――三河国
⑤天文十三年（一五四四）九月十日〜（帰洛不詳）――――但馬国
⑥天文十四年（一五四五）四月五日〜同年七月九日――――越前国
⑦天文十八年（一五四九）十一月十日〜天文二十年九月一日（死去）――周防国

このように公頼は何度もさまざまな国へ下向していますが、具体的な目的や現地での動静をうかがい知ることはできません。少なからず、現地の戦国大名を頼ったことは、疑いないと考えられます。特に、周防国大内義隆《おおうちよしたか》のもとには、公頼だけでなく多くの公家衆が下向していました。山口城下では、儒学などの学問をはじめ、和歌・連歌会などが催され、文化サロンの様相を呈していたのです。

こうした公頼を悲劇が襲うことになります。天文二十年（一五五一）九月一日、大内義隆は家臣の陶晴賢《すえはるかた》の謀叛に遭い、長門国大寧寺《だいねいじ》で自刃しました。皮肉なことに、義隆の文芸と奢侈《しゃし》が家臣たちの反感を買ったのです。この謀叛に公頼も巻き込まれ、無残な死を遂げることになります。公頼は五十七歳でした。武力を持たず、武道の嗜みのない公頼の死は、あっけなかったものと想像されます。

公頼には、養子を含めて五人の子供がいました。左に掲げておきます。

①実教《さねのり》――正親町三条公兄《きんえ》から養子として迎える。
②実綱《さねつな》――三条西実枝《さねき》から養子として迎える。
③長女（実名不詳）――細川晴元《はるもと》正室。
④次女（三条の方）――武田信玄正室。
⑤三女――本願寺顕如《けんにょ》正室。

ここで興味深いのは、三人の娘が細川晴元、武田信玄、本願寺顕如という当時の実力者に嫁いでいることです。この事実は、単なる偶然ではなく、何らかの意図があったと考えるのが自然でしょう。次に、信玄との関係に絞って、その意義について考えてみます。

❖信玄との結婚の意義

信玄と三条の方が結婚した正確な年月は、残念ながらわかっていません。『甲陽軍鑑《こうようぐんかん》』*によると、天文五年（一五三六）七月に結婚したと記されています。信玄と三条の方は、ともに十六歳でした。二人の結婚に際しては、駿河国の今川義元の斡旋があったと『甲陽軍鑑』に記されています。しかし、義元が今川家の家督を継承したのは同年六月のことで、翌天文六年二月には信虎の長女を娶っています。そのような点から、信玄と三条の方が結婚した時期は、天文六年が正しいとも考えられています。

三条の方は公家から迎えられただけに、非常に手厚く扱われました。例えば、三条の方には「御料人様衆《ごりょうにんさましゅう》」として、武田家から五味《ごみ》氏など三十騎を付けられています（『甲陽軍鑑』）。また、御同朋衆《ごどうぼうしゅう》（芸能・茶事、雑役を務めた僧体の者）も付けられており、三条の方には独自の家臣が存在したと考えられています。

また、三条の方は、自身の所領を保持していました。武田家の家臣である土屋昌恒《つちやまさつね》は、三条の方の意を受けて、向嶽寺《こうがくじ》（山梨県甲州市）に新寄進することを伝えています。また、武田家配下の者が三条の方に奉公した例も知られています。彼らは奉公を行なうために、普請役の免除を願い出ています（『甲斐国志』）。このような事例を見ても、三条の方への気の使いようは相当なものがありました。

信玄と三条の方が結ばれた理由を考える前に、公頼の長女と三女の嫁ぎ先についても見ておきましょう。

公頼の長女の嫁ぎ先は、細川晴元（一五一四～一五六三）です。結婚した時期は、定かではありません。晴元は澄元《すみもと》の子でしたが、父が細川高国《たかくに》に追放されたため、しばらく阿波国に住んでいました。足利義維《よしつな》（義澄の子。「堺公方《さかいくぼう》」と称された）が三好元長《もとなが》に擁立されると、晴元もともに堺へ上陸します。その後、摂津国池田城を本拠とし、天文五年（一五三六）に京都へ入り、約十六年にわたって管領として将軍を支えました。しかし、天文十八年には三好長慶《ながよし》に敗れ（江口《えぐち》の戦い）、前将軍義晴と将軍義輝とともに近江国へ逃れました。

晴元が天文五年以降、室町幕府の中核にあったという点は重要です。信玄と三条の方の結婚も同年以降と考えられています。つまり、武田家では公頼の娘を信玄に嫁がせることによって、同時に幕府の重鎮である晴元とも縁戚関係を結ぶことになったのです。室町幕府と繋がることは、武田氏の今後の展開を図るうえでも有効でした。もちろん、公頼も細川氏・武田氏から何らかの経済的援助を期待したことでしょう。

公頼の三女の嫁ぎ先は、本願寺顕如（一五四三～一五九二）です。顕如は十五歳で結婚したといわれているので、永禄二年（一五五九）のことになります。公頼の三女は、六角定頼《ろっかくさだより》にいったん出され、のちに細川晴元の養女になりました。顕如は、実質的に細川晴元の養女を迎えたことになります。顕如は、本願寺の証如《しょうにょ》の子として誕生しました。当時の本願寺の勢力は強大なものがあり、永禄十一年の織田信長入京後は激しく対立したことが知られています。

公頼の三女と顕如との結婚は、やはり本願寺という強力な宗教勢力との結びつきを意図したものと考えられます。当時の結婚はほぼすべてが政略結婚でしたが、武田氏は公頼の娘を通じて、中央の有力な諸勢力との繋がりを得たかったのです。

◆武田家・三条家関係図

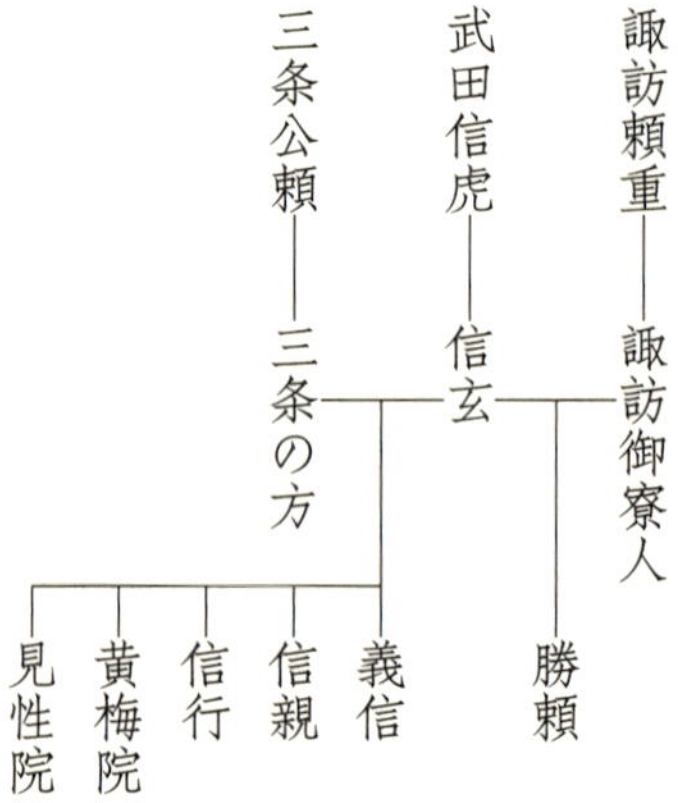

＊『甲陽軍艦』は、江戸初期に成立した軍学書。二十巻、五十九品から成る。江戸時代から偽作説があるものの、現在では史料としての再評価が進んでいる。同書には誤りも認められるが、ほかの史料と付き合わせて使用すれば、利用価値は非常に高い。

❖三条の方の晩年

三条の方には、武田義信《よしのぶ》、同（のちに海野《うんの》）信親《のぶちか》、同信行《のぶゆき》、黄梅院《こうばいいん》、見性院《けんしょういん》の五人の子供がいました。しかし、この五人は、必ずしも幸せな生涯を送ったわけではありません。以下、確認しておきましょう。

長男の義信は、父の信玄暗殺を企てたとして東光寺に幽閉され、永禄十年（一五六七）に亡くなりました。この謀叛劇には謎が多く、今もって原因をめぐり諸説が混在しています。三男の信行は、天文二十二年（一五五三）に十一歳で早世したといわれています。次男の信親は信濃国の名族海野氏の名跡を継ぎましたが、天正十年（一五八二）の天目山《てんもくざん》の戦いで武田勝頼の敗死を聞くと、入明寺《にゅうみょうじ》（山梨県甲府市）で亡くなっています。

娘はどうだったのでしょうか。黄梅院は、天文二十三年十二月に結ばれた今川氏、北条氏との三国同盟に際して、北条氏政《うじまさ》に嫁いでいます。十二歳のときでした。ところが、その同盟が永禄十二年の武田信玄による駿河国侵攻で破綻すると、黄梅院は信玄のもとに送り返されることになります。鬱々とした日々を過ごす中、黄梅院は同年六月十七日に二十七歳で亡くなりました。

見性院は穴山信君《あなやまのぶきみ》（梅雪《ばいせつ》）のもとに嫁ぎました。しかし、天正十年に起こった本能寺の変の影響で、夫の信君は宇治田原《うじたわら》（京都府綴喜《つづき》郡宇治田原町）で横死しました。夫の死後、見性院は徳川家へ迎えられ、徳川秀忠《ひでただ》の子の幸松《ゆきまつ》（のちの保科正之《ほしなまさゆき》）を養育しました。亡くなったのは、元和八年（一六二二）六月のことです。五人の兄弟姉妹の中では、一番恵まれていたかもしれません。

三条の方の子供たちの多くは不幸な最期を迎えたのですが、自身の晩年はほとんどわかっていません。三人の子供たちに先立たれ、気が沈むことも多かったことでしょう。三条の方が亡くなったのは、元亀元年（一五七〇）七月二十八日のことでした（『引導院過去帳《いんどういんかこちょう》』）。夫の信玄が西進の途上で急死したのは、その三年後のことです。三条の方は、政略結婚の犠牲になった一人かもしれません。

3　豊臣秀次の妻

❖豊臣秀次の前半生

数奇な運命に翻弄された豊臣秀次《とよとみひでつぐ》。豊臣秀吉の養子となり、大いに将来を嘱望されていましたが、秀頼が誕生すると運命が暗転しました。秀次とは、いかなる人物だったのでしょうか。

永禄十一年（一五六八）、秀次は父三好吉房《よしふさ》と母日秀《にっしゅう》との間に誕生しました。母日秀は豊臣秀吉の姉です。父の吉房は弥助《やすけ》といい、尾張国海東郡《かいとう》乙之子村《おとのこ》（愛知県あま市）の百姓に過ぎませんでした。秀吉も同じく百姓身分にあったことを考えると、吉房と日秀の結婚は、同身分におけるごく普通の結婚だったのです。ただ、身分が身分だけに、吉房の前半生に関してはほとんどわかっていません。なお、三好姓を名乗るようになるのは、子息秀次がのちに三好康長《やすなが》の養子になって以降のことです。

秀吉が織田信長に仕え、徐々に台頭する過程において、吉房は取り立てられました。若い秀吉には、配下となるべき者がいなかったためです。同時に、幼い秀次も秀吉のもとに組み込まれました。

幼少時の秀次は、宮部継潤《みやべけいじゅん》の養子にもなっています。継潤は善祥坊《ぜんしょうぼう》ともいいますが、かつては比叡山《ひえいざん》で修行を積んだ僧侶でした。のちに比叡山を下山して、北近江の武将浅井長政《あざいながまさ》に仕えています。周知のとおり、長政は越前国の朝倉義景《あさくらよしかげ》と連携し、織田信長との対決姿勢を鮮明にします。その中で行なわれたのが調略、つまり秀吉による継潤の引き抜き工作でした。その際に、秀吉は秀次を継潤の養子として送り込みます。秀次が継潤の養子になったのは事実上の人質であり、身分保障の証だったのではないでしょうか。

天正元年（一五七三）九月、浅井長政は盟友朝倉義景とともに信長によって滅ぼされました。

浅井氏滅亡からほどなくして、秀次は継潤との養子縁組を解消します。浅井氏の滅亡によって、半ば人質であった秀次を継潤のもとに止めておく必要がなくなったからです。ところが、次に秀次は、河内国高屋城《たかや》（大阪府羽曳野市）に本拠を置く、三好康長の養子となっています。康長とは、いったいどのような人物だったのでしょうか。また、いかなる経緯があったのでしょうか。

三好氏はもともと細川氏に仕えており、阿波国を出身地としています。三好氏の中では、細川氏衰退後に台頭した長慶が有名です。康長は、長慶の伯父にあたる人物です。当初、康長は長慶のあとに台頭した三好三人衆（三好長逸《ながやす》、三好政康《まさやす》、石成友通《いわなりともみち》）とともに織田信長に対抗していましたが、天正三年（一五七五）には信長の配下になります。その際、康長は信長が所望した茶器「三日月ノ葉茶壺」を献上したことで、命を救われました（『信長公記』）。

秀次が康長の養子になったのは、一体いつのことなのでしょうか。この点については、いくつかの説がありますが、中でも有力なのは天正九年九月から十一月の時期です。この頃、康長は秀吉の援軍を得て、阿波・淡路へ攻め込んでいます。かねてから信長は土佐国の長宗我部元親《ちょうそがべもとちか》と友好関係を保っていましたが、元親が四国統一を志向するようになると、その関係は破綻をきたしました。そのような経緯があって、信長は元親を攻撃するようになるのです。

康長の養子時代の秀次は、信吉《のぶよし》と名乗っていました（以下、煩雑さを避けるため「秀次」で統一）。天正十年の紀伊国根来《ねごろ》攻めには、養父康長とともに秀次も参陣しています。同時に秀次は、康長にならって茶の湯に親しんでいました。秀次は文芸にも関心があったようで、連歌会にも参加しています。この頃に培った教養は、のちに生かされることになるのです。

❖秀吉の養子となる

秀次が三好康長の養子であった期間は、そう長くはありませんでした。秀次が三好家を去ったのは、天正十二年の三月から六月にかけてのことであったと考えられています。そして、信吉から秀次へと改名したのは、天正十三年七月のことですが、この月には秀吉が関白に任官しているのです。当時、実子のいなかった秀吉が、後継者として秀次を念頭に置いて、秀次を手元に戻したのは間違いありません。

ところが、秀吉が後継者として期待した秀次は、案外頼りなかったようです。天正十二年四月、秀吉と徳川家康が雌雄を決した小牧・長久手の戦いで、秀次は大将として出陣しましたが、指揮を誤って大敗を喫したのです。あっけない敗北に対して、秀吉は秀次を厳しく叱責しました（『武家事紀』）。その書状には、「首を斬る」あるいは「勘当する」との激しい言葉が並んでおり、秀次は大いに奮起を促されました。なお、小牧・長久手の戦いは近年の研究によって、必ずしも秀吉が敗北を喫したとはいえないことが指摘されています。

秀吉の厳しい叱責を受けた秀次は、以後は別人のような働きをみせます。天正十三年の四国攻めの際には、秀吉の期待に応えて、長宗我部氏を降参に追い込みました。その功績によって、秀次は近江国八幡（近江八幡市）などを与えられ、四十三万石の大名になりました。その後も秀次は、九州攻めや小田原攻めなどで戦功を挙げ、尾張、北伊勢五郡を与えられます（近年、北伊勢五郡はなかったという説もあります）。自らの居城も、尾張国清洲《きよす》城へと移しました。このように、秀次は秀吉の一身の期待に応え、その後継者にふさわしい実績を積み上げていくのです。

秀次は加増だけでなく、同時に官位も著しく上昇しました。それが秀吉の権力に拠るものであることは、いうまでもありません。秀次は天正十三年に右近衛大将《うこのえだいしょう》に任官されると、翌年に参議《さんぎ》、翌々年には権中納言《ごんちゅうなごん》に任じられました。天正十九年十一月に権大納言《ごんだいなごん》に任じられると、その一ヶ月後には一気に内大臣《ないだいじん》を経て関白に就任しました。その背景には、いかなる事情があったのでしょうか。

天正十九年、豊臣家には悲劇が続きました。この年、秀吉の弟秀長《ひでなが》が歿し、実子の鶴松《つるまつ》も夭折《ようせつ》したのです。一連の身内の死により、秀吉が深い悲しみに沈んだことはいうまでもないですが、気掛かりだったのは豊臣家の行く末です。先にも触れましたが、実子の無かった秀吉は秀次に期待をかけていました。鶴松が生まれると、当然我が子を後継者とするのが自然な流れですが、肝心の鶴松の死によって、再び秀次の存在がクローズアップされたわけです。

関白職というのは、本来世襲されるものではありません。ましてや関白になれるのは、もともと五摂家の家柄（近衛、九条、二条、一条、鷹司）だけであって、秀吉が就任すること自体が驚きをもって公家社会に迎えられました。秀吉が関白職を秀次に譲るということは、今後も豊臣家に世襲されることを意味していました。同時に、関白職を離れた秀吉は、太閤《たいこう》として朝鮮出兵に専念することになるのです。

❖秀次の妻・一の台

秀吉が関白職に就任した経緯は第五章で詳述しますが、ごく簡単にいうと二条昭実《にじょうあきざね》と近衛《このえ》信輔《のぶすけ》との関白職をめぐる争いに乗じて獲得したものでした。その際に、菊亭晴季《きくていはるすえ》が秀吉の関白任官を実現するため、朝廷との斡旋・調停を行なったことは重要です。秀吉と晴季との関係はますます緊密となり、お互いを必要とするようになりました。戦国時代において互いの関係を強化するのは、婚姻関係を取り結ぶことがもっとも近道です、そのような理由から、秀吉の養子秀次と晴季の息女一《いち》の台《だい》が結婚することになるのです。もう少し具体的にいえば、豊臣家が公家化する中で、しかるべき家から妻を迎え入れる必要があったのです。

菊亭晴季は公彦《きんひこ》の子として、天文八年（一五三九）に誕生しました。菊亭家は清華家に属し、居住した場所にちなんで今出川《いまでがわ》とも称されています。晴季は最初、実維《さねつな》と名乗っていましたが、天文十四年にときの将軍足利義晴の「晴」字を与えられ、晴季と改名します。永禄十一年（一五六八）には、正親町天皇の第一皇子である誠仁《さねひと》親王の別当《べっとう》（親王家の政所《まんどころ》の長官）を務めるなど、朝廷から重用されていました。天正十三年、晴季は従一位・右大臣に昇進しており、順調に出世しています。

ところが、この一の台という女性については、ほとんどわかっていません。『太閤《たいこう》さま軍記《ぐんき》のうち』という史料には、次のように記されています。

一、一の台菊亭殿御息女　三十四歳

後述するとおり、秀次が処刑されるのは、文禄四年（一五九五）七月のことです。秀次の妻女らが処刑されたのは、その翌月のことでした。この記述を見る限り、一の台が誕生したのは、永禄五年（一五六二）のことになります。秀次よりも、六歳年上ということになるでしょう。同じく『太閤さま軍記のうち』には、次のようにも記されています。

おみや　一の台の御むすめ、十三歳

一の台には、「おみや」という娘がいたことを示しています。年齢が十三歳とあるので、一の台は二十歳以前に結婚していたことがわかります。問題は、一の台が初婚であったかということです。年齢的に考えると、初婚である可能性もありますが、再婚とみなすほうが自然かもしれません。『系図纂要《けいずさんよう》』には、一の台を「教行寺法印佐栄室」としています。つまり、一の台は教行寺の僧侶である法印佐栄に嫁いだあと、秀次と再婚したと考えてよいでしょう。一の台に関する史料は非常に乏しく、その動向がわからないのが残念です。

秀次には、すでに正妻がいました。織田信長の家臣池田恒興《つねおき》の娘とは、天正十年頃に結婚していました。秀次が十五歳のときでした。したがって、恒興の娘が正室であることは、疑う余地がありません。ところが、一の台は菊亭晴季の娘でもあり、家格が非常に高く、ましてや豊臣家と菊亭家との関係強化のために結婚したとなると、単に側室とすべきか悩ましいところです。この点については、秀次に二人の正室（恒興の娘、一の台）がいたとする説もあります。しかし、一の台が再婚であることを考えると、単に家格だけで正室になったと考えるのは疑問が残るところで、側室と考えるほうが自然です。

ところで、秀次にはほかに側室がいたのでしょうか。この点に関しては、先に触れた『太閤さま軍記のうち』に記録されています。ここには、三十人余りの側室の名が記されています。

側室の出自はバラエティに富んでいますが、概して武将の娘が多いことがわかります。このうち、三人の側室には、「若君あり」とあります。つまり、秀次との間に子供をもうけていたのです。少し不可解なのは、二十八歳で自刃した秀次の側室には、年上の三十五歳から六十一歳までの女性が四人もいたことです。おそらく彼女たちは秀次の側室ではなく、侍女《じじょ》ではなかったかと考えられます。

余談になりますが、秀次の女性関係はどうだったのでしょうか。この点に関しては、天正十九年十二月の秀吉の五ヶ条からなる訓戒状《くんかいじょう》が伝わっています。訓戒状の原本はすでになく、「本願寺文書」と「南部晋氏所蔵文書」に写しがあるのみです。本文の五ヶ条に記された内容のうち、最初の四ヶ条の概要を記すと、次のようになります。

①軍事に関しては、秀吉の置目《おきめ》(決まりごと)に従うこと。
②訴訟については、贔屓《ひいき》することなく糾明すること。
③朝廷に対する奉公を欠かさないこと。
④「仁・義・礼・智・信」を欠いてはならないこと(「仁・義・礼・智・信」とは「五常の道」といい、人として守るべき道を示しています)。

このように、秀吉は秀次に対して、今後の守るべきことを提示しているのです。では、肝心の五条目はどのような内容なのでしょうか。五条目には、「茶の湯、鷹、女狂いは、秀吉の真似をするな」とあります。いうまでもなく、秀吉がこの三つに執心であったことを示しています。特に、女性に関しては「屋敷の中において、五人でも十人でも一向に構わないが、外で乱れてはいけない」ともあります。この条文をもって、秀次が「女狂い」であると考えるのではなく、秀吉が秀次を後継者として頼むにあたって、事前に忠告をしていたと見るべきでしょう。

◆豊臣家関係図

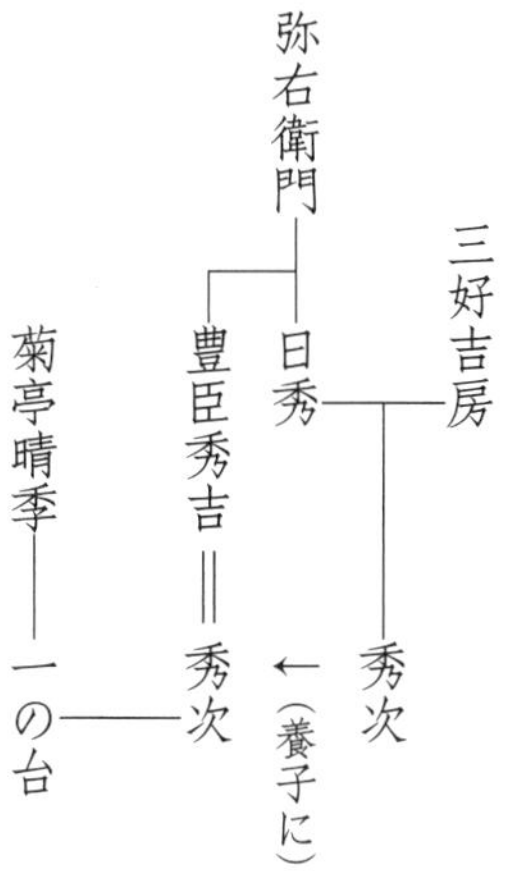

❖秀頼の誕生

このように秀吉の後継者として、秀次は前途洋々としていました。妻一の台は秀次が朝廷との関係を築くうえで、義父晴季を通じて重要な役割を担ったと考えられます。ところが、秀次の順調な人生の歩みに、暗い影を落とす出来事がありました。

文禄二年（一五九三）八月、秀吉と淀殿《よどどの》との間に秀頼《ひでより》が誕生したのです。秀頼は秀吉が待望した実子であり、その喜びは言葉では表現できないものがあったことでしょう。一方、秀頼誕生の報告を耳にした秀次は、後継者の道を断たれるのではないかという、強い不安に駆り立てられたに違いありません。ところが、関白職を退いた秀吉と新たに関白職に就いた秀次との間には、その権力をめぐってさまざまな問題が起こりました。

当時、二十代半ばの秀次と五十代半ばの秀吉とでは、その権力は圧倒的に秀吉が上であると考えるのが自然かもしれません。しかし、実際には、必ずしもそうでなかったという指摘もあります。例えば、文禄三年の前田利家《まえだとしいえ》らの叙位任官に際しては、秀吉の意思に加えて秀次の同意が必要でした（『駒井日記』）。国制上において、秀次は無視できない存在だったのです。

それだけではありません。秀次は好学の武将として知られ、足利学校の保護をしていたことは有名です。また、古典籍の収集にも力を入れ、和歌や茶道などにも通じていました。先述した、養父三好康長や秀吉の強い影響があったのかもしれません。こうして秀次は文芸を通じて独自の文化サロンを形成し、さらに公家や五山《ござん》（禅寺の格式。京都五山）と関係を持つようになりました。一連の秀次の行動は、秀吉にとって不愉快なものだったに違いありません。

ただ、以上の点については、秀次の権力を過大評価しているとの指摘もあり、さらに吟味が必要です。

このような先学の指摘を踏まえて考えると、秀吉は秀次に関白を譲ったものの、秀次独自の行動を警戒していたのかもしれません。そこに秀頼が誕生したわけです。秀吉が秀次を排斥しようとしたのは、複数の要因が複雑に絡みあっていたためといえるでしょう。

❖秀次の死と菊亭晴季のその後

運命の日は、突然やってきました。以下、『太閤さま軍記のうち』『甫庵太閤記《ほあんたいこうき》』を中心にして、秀次切腹までの過程をみておきましょう。

文禄四年七月三日、石田三成《いしだみつなり》ら四名の詰問使《きつもんし》が聚楽第《じゅらくてい》の秀次のもとに差し向けられました。理由は、秀次が鹿狩りにかこつけて、山中で謀叛の謀議を行なっていたという嫌疑をかけたからです。これに対して秀次は、嫌疑を晴らすために詰問使の要求する誓紙を提出することにしました。ところが、それで秀次の嫌疑は晴れることなく、しばらくして伏見に参上するように、秀吉から命令されました。

伏見で秀次は、秀吉から毛利輝元《もうりてるもと》と通じている証拠を突きつけられました。しかし、秀次は秀吉に弁解する時間もなく、紀伊国高野山《こうやさん》へ行くように命じられています。七月九日、秀次はわずかな側近たちを引き連れて、高野山へと下っていきました。福島正則《ふくしままさのり》が秀次に切腹の報をもたらしたのは、七月十五日のことです。秀次が嫌疑をかけられてから、わずか二週間余りしか経過していませんでした。進退窮まった秀次は逃れることができず、切腹のやむなきに至りました。秀次の側近たちも連座しています。

秀次が切腹を命じられた理由として、数々の乱行《らんぎょう》が伝わっていますが、現在では架空のものであったというのが定説となっています。また、秀次が実際には、「無実」であったことも指摘されました(『御湯殿上日記』)。秀吉はコントロールが効かなくなった秀次をもてあまし、ついに切腹させたのではないかと推測されています。むろん、これには実子秀頼に豊臣家を継がせたかったという考えも相俟《あいま》ってのことです。

秀次やその家臣は悲惨な最期を遂げましたが、秀次の正室・側室にも厳しい結末が待ち構えていました。秀次の切腹後、京都三条河原に集められた秀次の正室・側室は、河原者《かわらもの》の手によって皆殺しにされました。その凄惨な場面は、『太閤さま軍記のうち』に生々しく描かれています。一の台や連れ子の「おみや」の姿もその中にありました。秀吉の心中には、秀次の痕跡すべてを消したいという強い気持ちがあったのでしょう。そして、秀次の住んでいた聚楽第も徹底的に破壊されたのです。

では、一の台の父である菊亭晴季は、どうなったのでしょうか。晴季にも、厳しい処分が待ち受けていました。

文禄四年七月二十五日、晴季は秀吉から越後国への配流《はいる》を命じられました（『御湯殿上日記』など）。ちなみに『菊亭家譜』には、佐渡国へ配流になったとありますが、越後国が正しい場所です。配流を命じられた理由は記されていませんが、この処分が秀次の一件と関わりがあったことは、いうまでもありません。晴季に罪はなかったのですが、娘一の台が秀次の妻だったことにより、連座制（連帯責任で罰せられること）が適用されたのです。公家としての生命を絶たれる、厳しい処分だったといえるでしょう。

文禄五年（一五九六）四月二十九日、晴季は秀吉の奏請によって、許されることになりました（『言経卿記《ときつねきょうき》』など）。そして、実際に晴季が帰京を果たしたのは、一ヶ月後の五月二十九日のことでした。当時、五十八歳だった晴季にとって、田舎での生活はさまざまな面で厳しいものがあったことでしょう。

このように晴季には厳しい試練が課せられましたが、やがて幸運が訪れました。慶長三年八月十八日、かねてから病に伏せていた豊臣秀吉が歿したのです。秀吉の死は、各方面に甚大な影響を及ぼしましたが、晴季にとっては復権する契機となり、同年十二月、晴季は従一位・右大臣に復帰を果たしました（『公卿補任』）。この復帰が秀吉の死と関係したことは、疑いありません。二年後の慶長五年六月、晴季を含めた多くの公家は、伏見城の家康のもとを訪ねました。秀吉の死後は、家康が権力者として君臨していたからです（『時慶卿記《ときよしきょうき》』）。

　慶長十九年八月十九日、晴季は家康に秀次の持っていた金沢文庫《かねさわぶんこ》本『律令《りつりょう》』を譲与しています。学問好きで知られる家康は、大変喜んだと記録されています（『本光国師日記《ほんこうこくしにっき》』）。晴季が家康の歓心を買おうとしたことは、自然なことでした。実は、この金沢文庫本『律令』には、秀次も関係しているのです。学問を愛した秀次は、文禄二年に金沢文庫*から古典籍を取り寄せ、修復を行なわせました（『言経卿記』）。晴季がいかなる経緯で金沢文庫本『律令』を入手したかは不明ですが、家康へ贈呈したことによって、良好な関係を築いたのは事実です。不思議な縁といえるでしょう。

　晴季のケースは、当初は秀吉との良好な関係を築くために、秀次のもとに一の台を嫁がせたのですが、秀次が没落すると自身も同じ運命をたどりました。しかし、逆に秀吉が歿して豊臣家が没落すると、家康という新しい権力のもとで復帰を果たしています。このように、中央にいた当該期の公家の運命は、ときの権力者によって左右されました。晴季の運命もまた、彼らによって翻弄《ほんろう》されたのです。

＊金沢文庫（横浜市金沢区）は、建治元年（一二七五）頃に北条（金沢）実時《さねとき》によって創設された文庫。同文庫は和漢の貴重な古典籍、古文書。美術工芸品を収蔵しており、現在に至っている。徳川家康は、同文庫の貴重な書籍を数多く持ち出したことで知られている。

第五章　天下人との狭間で

1　織田信長と朝廷

❖信長登場の衝撃

天下人の一人として知られる織田信長の登場は、当時の人々に対して大きな衝撃を与えました。それは信長自身の奇行も影響していますが、何より重要なのはこれまでの戦国大名に見られない大胆な政策を実行したことです。最初に、信長の経歴について触れておきましょう。

織田氏は自ら桓武平氏《かんむへいし》や藤原氏の子孫を称していますが、現在それは誤りとされています。いわゆる名字の地は、越前国丹生《にゅう》郡織田《おだ》荘（福井県丹生郡越前町）で、剣神社《つるぎじんじゃ》を氏神として崇敬していました。管領《かんれい》家の一つである斯波《しば》氏が越前国守護であったことから仕えることになり、のちに斯波氏が尾張国守護に就任すると、織田氏は守護代として赴任することになりました。しかし、一口に織田氏といっても、その家系は実に複雑であったといえます。

尾張国は上四郡と下四郡に分かれて統治されており、上四郡守護代は岩倉織田氏が、下四郡守護代は清洲《きよす》織田氏がそれぞれ務めていました。そして、清洲織田氏には、重臣層である三家老が存在しました。三家老の中で頭角をあらわしたのが、信長の父信秀です。信秀は勝幡《しょばた》、那古野《なごや》を中心に尾張国南部で支配を展開し、やがてその勢力は主家を凌ぐところとなり、尾張一国へと広がりました。つまり、同じ織田氏といっても、信長の祖先は守護代の家老に過ぎなかったことがわかります。

織田氏の威勢が伸張する中、天文二十年（一五五一）に信秀は亡くなりました。信秀は京都の公家とも親しく、優れた教養を備えた人物でした。天文十二年（一五四三）、朝廷に禁裏の修理費用を贈ったことも知られています（『御湯殿上日記《おゆとののうえのにっき》』）。信秀の死は、織田家中に暗い影を落としたことでしょう。その後継者となったのが、長男である信長です。信長は天文三年（一五三四）の生まれですので、このとき十八歳の青年でした。信長が父信秀の葬儀に参列した際の逸話は、『信長公記』に次のように記されています。


信長が焼香にお出でになった。そのときの信長の服装は、長い柄の太刀と脇差しを稲穂の芯でなった縄で巻き、髪は茶筅《ちゃせん》で巻き立て、袴《はかま》もお召しになっていなかった。信長は仏前へ進み出ると、抹香をぱっと摑《つか》み、仏前へ投げつけてお帰りになった。

このような信長の非常識な行動は、織田家の家臣を大いに驚かせることになります。信長が「尾張の大うつけ」と称される所以です。それゆえ、のちに織田家中では弟信勝を擁立する動きもあり、兄弟間で骨肉の争いとなりました。一方で、信長は美濃国の斎藤道三《さいとうどうさん》との面会の際、周囲が驚くような盛装をするなど、当時の常識を超える行動で名を馳せました。この辺りは信長の魅力かもしれませんが、未だ不可解なところがあります。

信長の名声が天下に轟いたのは、永禄三年（一五六〇）における桶狭間《おけはざま》の戦いです。この戦いで信長は、圧倒的な不利が予想される中、駿河国の今川義元を見事に打ち破りました。この合戦をめぐっては、奇襲攻撃の是非について現在も論争が続いています。しかし、小勢の織田軍が今川氏の大軍を破ったのは事実です。以後、信長は破竹の勢いで進撃し、美濃国斎藤氏などと激闘を繰り広げ、勝利を収めました。そして、永禄十一年（一五六八）には足利義昭を推戴し、念願の入京を果たしたのです。

では、信長は天皇や朝廷とどのような関係にあったのでしょうか。いくつか興味深いテーマを取り上げて、その具体像を探っていきましょう。

❖信長の朝廷政策

信長の場合は、特定の公家との交流もありましたが、天皇・朝廷に対してさまざまな対応や政策を行なっている点が誠に興味深いところです。したがって、対象を特定の公家に限定せず、天皇・朝廷全体を視野に入れて述べたいと思います。

足利義昭は信長に推戴され入京し、室町幕府の第十五代将軍に就任しました。しかし、単純に「義昭が上」「信長が下」というわけではありません。将軍のもとには守護奉行人が存在し、室町幕府奉行人奉書《むろまちばくふぶぎょうにんほうしょ》が発給されましたが、同時に信長の朱印状《しゅいんじょう》も発給されています。これは、どのように理解すればよいのでしょうか。信長の朱印状は、室町幕府奉行人奉書の副状《そえじょう》という位置付けにあったと指摘されており、相互補完の関係にあったといえます。二人の関係は、義昭と信長の「二重政権」あるいは「連合政権」と理解されているのです。

ところが、もともと室町幕府を再興するために各地を放浪した義昭と、半ば独力で天下への道を突き進んだ信長とでは実力差が圧倒的に大きく、やがて両者の立場は徐々に逆転していきます。両者の激突は、上洛早々に時間の問題となったのです。義昭からすれば信長は疎ましい存在であり、信長は義昭を持て余したところがあったのでしょう。そして、永禄十二年（一五六九）十月、信長は突如として、京都から岐阜に戻りました（『御湯殿上日記』など）。信長が下向した原因は、義昭との不和にありました。驚いた正親町《おおぎまち》天皇は信長を慰留しましたが、それを振り切って下向したのです。

義昭が信長に推戴されて入京した時点とは異なり、両者の立場は逆転していました。信長は義昭に強い態度で臨みました。翌永禄十三年（一五七〇）一月、信長は義昭と和解すべく、五ヶ条にわたる条書を定めています（「徳富猪一郎《とくとみいいちろう》氏所蔵文書」）。その内容を要約すると、次のようになります。

①義昭が御内書《ごないしょ》（将軍の発給する文書）を発給するときは、事前に信長と相談して、信長の副状を付けること。
②これまでの義昭の命令はすべて破棄し、よく考えたうえで定めること。
③室町幕府に忠節を尽くす者には、恩賞や褒美を与えることとし、与える領地がなければ、信長の領地を割いて与えること。
④天下のことは信長に委任することとし、何者にも拠ることなく、信長自身の判断で成敗を行なうこと。
⑤天下静謐《てんかせいひつ》のため、禁中への奉公を怠らないこと。

この内容が義昭にとって、いかに屈辱的なものであるかは一目瞭然です。特に①や②の指示は、事実上義昭の権力を強く制約するものでした。ところで、義昭と信長にとっては、①〜④の条文がもっとも重きをなすわけですが、ここでは本書の主題に添って、⑤に着目して述べることにします。⑤の短い条文のなかで、信長は天皇・朝廷への奉公を説いており、蔑《ないがし》ろにしない姿勢を見せています。この点は、どのように考えるべきなのでしょうか。

永禄十一年（一五六八）十月、信長は朝廷の命を受けて、山科《やましな》家領の旧領還付や京中の御料諸役の勤仕《きんし》を徹底するように努めています（『言継卿記《ときつぐきょうき》』）。経済的に困窮する天皇や公家の意向に沿った行動を取っているのです。翌永禄十二年（一五六九）一月には、二十一ヶ国の諸大名らに対して、「禁中御修理」を命じています（『二条宴乗日記《にじょうえんじょうにっき》』）。その後、実際に「禁中御修理」が行なわれたことは、『言継卿記』や『御湯殿上日記』で確認することができます。このように見ると、信長は禁中に対する奉公を着実に行なっており、敵対する姿勢を見せていません。

一方の義昭は、いかなる態度で朝廷に臨んだのでしょうか。義昭にとっての最大の関心事は、いうまでもなく室町幕府再興でした。肥後国の相良《さがら》氏や安芸国の毛利氏から御料所《ごりょうしょ》（室町幕府の直轄領）の進上を受け、義昭は大変気を良くしていました（『相良家文書』など）。また、永禄十二年二月には、室町邸の造営に着手しています（『言継卿記』など）。室町邸の造営は、室町幕府の再興を意味するものでした。少しずつ幕府の輪郭が完成する中で、義昭は積極的に政治にも関与します。
例えば、互いに争っていた豊後国の大友氏と安芸国の毛利氏に対して、義昭は強く講和を勧めています（『毛利家文書』など）。こうした積極的な介入が意味するところは、将軍としての権威を見せ付けるためでしょう。そして、義昭は積極的に各地の大名と連絡を取るようになるのです。義昭の一連の動きは、いうまでもなく信長を不快な思いにさせました。このように義昭の意識は、「室町幕府再興」の一点に集中していたのです。当然、朝廷への対応は、疎かになってしまいました。
ところで、信長は義昭に対して、最初はどのように思っていたのでしょうか。義昭の将軍就任直後、信長は宴席に招かれて能を鑑賞しています（『信長公記』）。その直後、次のようなことがありました。

再三、使者があって、義昭が信長を副将軍か管領《かんれい》職に准ずるようにとおっしゃっていることが伝えられた。そうはいっても、このときは信長が辞退する旨を申し上げたので、受けることがなかった。

この史料を見るとわかるように、義昭は信長を副将軍か管領職に准じる扱いにしようと申し出たのです。副将軍は「軍防令《ぐんぼうりょう》」（軍団兵士、衛士、防人などの編成、指揮、軍規を定めた法令）第二十四条に規定があり、平安時代には実際に任命された者もいましたが、中世以降では二次史料でしか任命を確認できません。管領は、将軍を補佐する職です。この史料の問題は、「准ずる」という言葉です。「准ずる」には「ある基準のものと同様に考える」という意味があり、正式な任命を意味しません。義昭にとって信長は恩人でありながらも、一家臣に過ぎなかったのです。信長はそのことを感じ取って、あえて副将軍、管領の任命を辞退したのかもしれません。

永禄十二年（一五六九）三月、正親町天皇は信長を副将軍に任じるため、勅旨を下しました（『言継卿記』）。しかし、信長は正親町天皇に対して、回答することはありませんでした。この辺りに関しては、研究者によってさまざまな見解がありますが、信長が義昭の配下になることを嫌ったのは確かです。副将軍を受けない以上、わざわざ拒否して正親町天皇の心証を悪くする必要はありません。明確に答えないということが、イコール「受けない」ことを意味したのだと思います。

この時期の信長は、天皇を推戴することによって、自らの権力を全国（この段階では畿内中心）へ示すことに腐心していました。禁中修理や皇室領の保全は、その一端となる行動です。天皇や朝廷に対しては、信長が特に敵対心を持っていたとは思えません。また、入京するまで、信長が義昭を推戴したのは事実ですが、義昭と信長との二重政権（あるいは連合政権）である以上、二人の関係は対等であると、信長は認識していたに違いありません。義昭が将軍であったからこそ、推戴する意味があったのです。その辺りの意識の隔たりは、大きなものがあったように思います。以下、信長と天皇・朝廷との関係についていくつかの事象を取り上げ、もう少し詳しく見ることにしましょう。

❖改元の問題

元亀《げんき》三年（一五七二）三月二十九日、朝廷から幕府（義昭）と信長に対して、改元を行なうようにとの命が下されました（『御湯殿上日記』）。改元は天皇・朝廷の専権事項ではあったのですが、実際には武家側（室町幕府）との念入りな事前の調整があったのです。この改元の命令について、のちに信長は「異見《いけん》十七ヶ条」によって、次のように義昭に意見しています（『信長公記』『尋憲《じんけん》記《き》』）。

元亀の年号が不吉なので、改元はもっともなことであり、天下の沙汰を実行すべきであると義昭に申し上げた。

信長は、「天下」という言葉を非常に多く使用します。天下という言葉は、自身が全国（この段階では畿内中心）の支配権を掌握したことを示すとともに、同時に私利私欲でなく「天下のため」と自己を正当化する二つの意味で使用しています。改元に関して信長は、朝廷の意向に沿って大いに賛意を示し、義昭に作業を進めるよう進言しているのです。現実に、年号勘者《かんじゃ》（年号の案を作成する職）の宣下が下されるなど、粛々《しゅくしゅく》と改元の準備は進んでいました（『康雄記』など）。

ところが、同年四月九日、幕府（義昭）が改元費用を進上しなかったために、改元の作業は断念されたのです（『御湯殿上日記』）。朝廷からは、幕府と信長に対して改元を命じていますが、実際に主導権を握っていたのは幕府のほうでした。過去の例から見ても、改元の際には朝廷と幕府との間でスケジュール調整や費用の件で綿密な打ち合わせが行なわれています。今回、信長を通して命が下ったのは、先述のとおりに武家側が義昭と信長の二重政権（連合政権）になっていたからでしょう。

残念なことに、幕府が改元費用を負担しなかった理由は判然としません。当時、義昭は「室町幕府再興」しか眼中にありませんでした。また、室町邸の造営にも多大な費用がかかったことでしょう。義昭は改元に関心がなかったのかもしれません。この点について、『信長公記』『尋憲記』には、次のように記されています。

禁中で改元を行なおうとしたものの、幕府（義昭）は少しも費用などを仰せ付けになりませんでした。今は、改元が遅々として進んでいません。改元は天下のために行なうもので、決して疎かに考えてはなりません。

この記録を見る限り、信長は改元に意欲的であったことがうかがえます。しかし、改元に限っていえば、先述のとおり幕府が主導権を握っており、信長が費用を負担すればよいという問題ではありませんでした。改元後は、幕府で改元吉書《きっしょ》が執り行なわれることによって、初めて改元が有効となります。信長はこのときも、義昭の怠慢ぶりに心底苛立っていた可能性があります。義昭には、天下を成敗する資格がなかったのです。実際に元亀から天正に改元されたのは、一年後のことでした。この点を考えてみましょう。

信長と義昭との関係は、元亀四年（一五七三）二月・三月を境に急速に悪化し、ついには断交するに至ります。そして、同年七月二十一日、信長は朝廷に対し、突如として元亀改元の提案をします（『御湯殿上日記』）。これを受けた朝廷では、改元へ向けた作業を行ない、同年七月二十九日、朝廷は信長に対して改元することを報告します。将軍が出奔したので、朝廷は信長を頼らざるを得なかったのです。『壬生家四巻之日記』によると、信長が「天正《てんしょう》」という年号を望んだことが記されています。

通常、新しい年号を決定する際には、学識ある年号勘者が過去の年号を調べ（中国などの外国も含め）、中国の古典などをもとに提案をします。その後、複数の候補を議論し、最終的に天皇が決定します。元亀改元に際しても、天正を含めていくつかの候補が挙がりました。しかし、改元が急であったことと、学識の高い勘者がいなかったことから、提案のあった候補のうち「安永《あんえい》」「天正」から選ばれています（『改元部類《かいげんぶるい》』）。『改元勘文部類《かいげんかんもんぶるい》』には、天正が「清静なるは天下の正と為る」という意味があると記されています（出典は『老子』）。まさしく、信長の意向に沿ったものでした。

なぜ、信長は積極的に改元に関与したのでしょうか。義昭と信長が決裂して以後、信長には義昭に代わって武家のトップに立ったという自覚が芽生えたようであり、その意識のあらわれの一つが、速やかに改元を行なうことでした。そして、新年号「天正」に込められた思いは、「清静なるは天下の正と為る」こと、つまり「天下静謐」にあります。新年号について記した綸《りん》旨《じ》には、「天下静謐安穏」と記されています（「東山御文庫記録」）。信長が年号制定の希望を述べたのは異例でしたが、「天下静謐」という想いは正親町天皇と共有していたと思います。信長は義昭のできなかった改元をとおして天皇を推戴し、将軍である義昭との対決を有利に進めようとしたのです。

❖正親町天皇の譲位問題

次に取り上げるのは、信長と正親町天皇の譲位問題です。この問題に関しては、その意義をめぐってこれまで多くの見解が提示されてきました。まずは、事実の経過を確認しておきましょう。

天正元年（一五七三）十二月三日、信長から正親町天皇の譲位について申し入れがありました（『孝親公記《たかちかこうき》』）。この申し出を受けた正親町天皇は、時期について関白二条晴良《にじょうはるよし》に勅書を遣わしています。勅書を受け取った晴良は、信長の宿所を訪れ、正親町天皇の譲位の旨を家臣林秀貞に申し伝えたところ、次のような回答がありました。

今年はすでに日も残り少ないので、来春早々には沙汰いたしましょう。

晴良は「御譲位・御即位等次第」について、余すところなく伝えたとあります。その具体的な内容は伝わっていませんが、日程だけでなく費用の問題に及んだことは想像に難くありません。実際に譲位となると、右から左へと天皇位を譲るだけでは事が済みません。即位やその後の大嘗祭《だいじょうさい》などを挙行するのに、莫大な費用がかかるのです。戦国期になると、即位式すら行なえない天皇が存在したのは、その経費が負担できないからでした。この信長の申し出に対して、正親町天皇はどのように反応したのでしょうか。

正親町天皇は譲位することについて、「後土御門《ごつちみかど》天皇以来の願望であったが、なかなか実現に至らなかった。譲位が実現すれば、朝家再興のときが到来したと思う」と、喜びをもって感想を述べています（「東山御文庫所蔵文書」）。のちほど触れますが、後土御門天皇は譲位することなく、この世を去っています。このように信長が自ら申し出て、正親町天皇に譲位を迫ったことは、どのように捉えられてきたのでしょうか。

この点に関しては、信長が正親町天皇に譲位を迫ることによって、天皇・朝廷を圧迫しようとしたとの見解があります。要するに、信長と天皇・朝廷は対立していたという考え方です。こうした視点は、のちに本能寺の変が起こった際、裏で明智光秀を操っていたのが朝廷であるとの見解に受け継がれます。いわゆる「朝廷黒幕説」というべきものです。果たして、信長が天皇・朝廷を圧迫したという見解は、正しいものといえるのでしょうか。

一般的に院政《いんせい》期以後、天皇は譲位して上皇《じょうこう》となり、上皇が「治天《ちてん》の君」として政務の実権を握りました。つまり、譲位して上皇となるのが普通だったのです。しかし、戦国期に至ると、状況は大きく変化をします。例えば、後土御門、後柏原《ごかしわばら》、後奈良《ごなら》の三天皇は、生前に譲位することなく、自らの死後、天皇位が後継者である皇太子に譲られています。彼らは、何も好き好んでそのような状態を望んだわけではありません。先述のとおり、即位の儀式や大嘗祭などには莫大《ばくだい》な費用がかかるため、譲位をしたくてもできなかったというのが実状でした。むろん彼らは、各地の戦国大名に費用負担を依頼するなどの努力をしましたが、願いが叶うことはありませんでした。

このような理由があったからこそ、信長の申し出に対して、正親町天皇はいたく感激したのです。しかし結局は、信長の存命中に譲位は行なわれませんでした。義昭との関係が破綻してから、信長はその対応に迫られており、多忙を極めていたのが原因の一つです。朝廷では譲位に備えて、即位の道具や礼服の風干《ふうかん》を行なっていたのですが（『御湯殿上日記』）、譲位が行なわれなかったのは、多分に信長側の事情によるところが大きかったと推察されます。

したがって、従来の説で指摘されていた、信長と朝廷との間に対立があったという考え方は、今後見直す必要があります。逆に、正親町天皇は喜んで譲位を受け入れたと解釈すべきなのです。

❖暦問題

次に取り上げるのは、暦の問題です。天正十年（一五八二）一月、信長は陰陽頭《おんみようのかみ》である土御《つちみ》門久脩《かどひさなが》が作成した宣命暦《せんみょうれき》（京暦）を退け、尾張国で使用していた三島暦の採用を要望していました（『晴豊記』など）。宣命暦とは中国から伝わった暦法で、日本には貞観《じょうがん》元年（八五九）に伝来しました。以来、江戸時代の貞享《じょうきょう》元年（一六八四）までの八百年にわたって利用された暦です。しかし、宣命暦には日食や月食の記載があっても、実際には起こらなかったこともあり、不正確な部分もあったようです。それゆえ貞享元年以降は、渋川春海《しぶかわはるみ》の貞享暦が採用されたのです。

信長は、どのような理由で暦の変更を要望したのでしょうか。宣命暦では、翌天正十一年（一五八三）正月に閏月が設定されていましたが、三島暦では天正十年十二月が閏月になっていました。信長は三島暦に合わせて、天正十年十二月を閏月にするよう要望したのです。この問題は、天正十年二月に検討された結果、宣命暦のまま天正十一年正月に閏月を置くことで決着しました（『天正十年夏記』）。信長自身は、「何が何でも」という強硬姿勢を取っていないのです。

ところが、この問題は蒸し返されることになります。本能寺の変の前日の天正十年六月一日、公家衆が信長の滞在する本能寺を訪れた際、再び信長は宣命暦から三島暦に変更するよう求めました。その理由については、宣命暦が六月一日の日食を予測できなかったからだと指摘されています。先述のとおり、一般的に宣命暦は日食や月食の予測が不十分でした。では、なぜ日食が把握できなかったことを問題視したのでしょうか。

科学が十分に発達していない当時において、日食や月食は不吉なものと考えられていました。

日食や月食が起こった際、朝廷では不吉な光から天皇を守るため、御所を筵《むしろ》で覆うようにしていたとの指摘があります。つまり、信長が暦の変更を要望したのは、天皇を不吉な光から守るためだったのです。六月一日の日食を予測できなかったのは、宣命暦の致命的な欠点でした。そのため宣命暦では不十分であり、三島暦の方が正確であると信長は再認識したのです。

以上の点については、これまでどのように考えられてきたのでしょうか。一説には、信長が正確な暦法の確立を目指し、本来、天皇の掌中にあった「時の支配」を掌握しようと試みたという指摘があります。つまり、信長が天皇の権限を奪取しようとした、という考え方です。しかし、信長の天皇・朝廷対策を見る限り、三島暦を提案したのは天皇の身を案じたと見るほうが自然なようです。信長は親切心で、三島暦の採用を進言したのです。

❖武家伝奏・勧修寺晴豊のこと

ここまで、天皇・朝廷と信長との遣り取りについて述べてきましたが、その間には武家伝奏《ぶけてんそう》が存在しました。武家伝奏とは、いかなる役割を果たしていたのでしょうか。

そもそも伝奏とは、取次や奏聞《そうもん》（天皇に申し上げること）を行なう役職を意味します。武家伝奏は、武家の奏聞を朝廷に取り次ぐことが職務でした。なお、武家に限らず、寺社伝奏なども存在しました。武家伝奏は後醍醐《ごだいご》天皇の時代に置かれ、室町時代に制度化されています。公武間の意思疎通を図るとともに、天皇・朝廷サイドから改元や任官について幕府に報告し、逆に幕府からは政治的な要望などが武家伝奏を通じて伝えられたのです。非常に重要な職務です。信長が幕府に代わって実権を掌握してからは、武家伝奏が信長に派遣されています。

信長の時代に武家伝奏を担当したのが、勧修寺晴豊《かじゅうじはれとよ》です。晴豊は、天文十三年（一五四四）に晴右《はれみぎ》の子として誕生しました。その名の晴豊は、十二代将軍足利義晴の「晴」字を拝領したものです。勧修寺家の家格は名家《めいけ》であり、大納言を極官《ごくかん》（その家柄で到達できる最高位）とする家柄でした。そして、晴豊が武家伝奏として活動するのは、天正四年（一五七六）のことであり、父晴右の後継者として拝命したのです。

武家伝奏という仕事は、いうまでもなく決して楽な仕事ではありません。例えば、織田信長と石山本願寺は激しく対立していましたが、和平交渉で間を取り持ったのは朝廷でした。さらに具体的にいえば、実務を担当したのは晴豊と同じく武家伝奏の庭田重保《にわたしげやす》です。天正七年（一五七九）十二月、二人は講和の勅使として、石山本願寺に派遣されました。そして、両者の意向を汲み取りつつ、和平の調整が進められたのです。しかし、抗争は長期間にわたるもので、両者はなかなか和平合意に至りません。結局、合意に至ったのは、翌天正八年三月のことでした。

晴豊が重保とともに信長のもとへ派遣されたのは、これだけではありません。天正十年（一五八二）、信長は甲斐国の武田勝頼との戦いに勝利をして、安土城へと凱旋《がいせん》帰国しました。その際、正親町天皇は戦勝の祝儀を信長に贈りますが、その勅使の務めを果たしたのも晴豊と重保なのです。正親町天皇から信長に対しては、たびたび勅使が派遣されたので、二人の重圧は大変なものがあったでしょう。晴豊は武家伝奏という重職を慶長四年（一五九九）まで、二十四年間も務めていたのです。

ちなみに、晴豊は『晴豊公記』という日記を残しており、信長以外にも各地の戦国大名との遣り取りの状況を詳しく書き残しています。晴豊が注目される所以です。特に、岩沢愿彦《いわさわよしひこ》氏が発見した『天正十年夏記《てんしょうじゅうねんなつき》』（別名『日々記』とも。内閣文庫所蔵）は、『晴豊公記』の断簡《だんかん》（きれぎれになった文書の断片）であり、次に述べる三職推任問題についての貴重な史料となっています。

❖三職推任問題

さて、信長は官位について、どのように考えていたのでしょうか。この点に関して、次に述べたいと思います。

天正三年（一五七五）から信長は一つずつ昇進しており、天正五年十一月二十日に右大臣兼右大将に任じられています（『公卿補任』）。いかに信長が権力を握ったからとはいえ、右大臣という地位は相当高いものでした。令制の官職において、右大臣は太政大臣、左大臣に次ぐナンバー3の位置にあったのです。多くの公家たちが信長を羨《うらや》んだことでしょう。

翌年一月、信長は費用を負担して、節会《せちえ》を催しています。節会とは、節日そのほか重要な公事のある日に、五位または六位以上の諸臣を朝廷に集め、天皇が出御《しゅつぎょ》して催した宴会のことです。このときの節会は、信長の「任大臣」のものでしたが、朝廷では絶えて久しいものでした。なぜなら朝廷には、独自に節会を催す費用がなかったからです。節会を復活させた点で、信長の朝廷への貢献度は高かったはずです。

ところが、天正六年四月九日、信長は突如として両官（右大臣・右大将）を辞することになりました。その点について、辞官の奏達状には、次の二つの理由が挙げられています（『兼見卿記《かねみきょうき》』）。

①未だ征伐が終わることがない（敵対勢力が残っている）ので官職を辞退したい。

②全国平定を成し遂げた際には、登用の勅命を受けたい。

③顕職《けんしょく》（重要な地位）は、子息の信忠に譲りたい。

①については、信長が右大臣兼右大将の職にあって、通常の公家のように朝廷へ出仕していたわけではないので、特段理由らしい理由とはいえません。②については、今後任官すること

を否定しない程度のニュアンスで捉えるべきかもしれません。信長が朝廷の官職に興味を示さなかったなどの説もありますが、③のように信忠に譲りたいという気持ちがあるわけですから、必ずしも全く関心がなかったということではないと思います。

朝廷の官職は、自らの立場を誇示するのに有効なアイテムであったかもしれませんが、全国平定を行なううえで必要なものでもありません。そう考えたのでしょう。信長は毛利氏などとは対照的に、配下の部将たちに官職を斡旋した記録が乏しいといえます。そうした事実も、信長の官職観を如実に示しているように思います。信長と対照的なのは豊臣秀吉ですが、秀吉についいては次の項で取り上げることにします。

天正九年（一五八一）二月二十八日、信長は正親町天皇を招き、禁裏の東門外で壮大な馬揃えを行なっています（『御湯殿上日記』など）。この馬揃えは、信長の率いる軍勢をはじめ、畿内の諸大名そして公家衆を集めて行なわれたものでした。これまで、信長がこの壮麗なる馬揃えを正親町天皇に見せることによって威圧し、譲位を迫ろうとしたと考える見解もありました。しかし、先述のとおり、正親町天皇は先例に従って譲位を望んでいたので、そもそもこの考え方は当てはまりません。

この馬揃えに関しては、天下統一を図ろうとした信長が、畿内の諸勢力を集めて自らの力を誇示した点に意義を認めるべきでしょう。そして、そこに正親町天皇を招いたということに、大きな意味がありました。天皇を推戴し、自らの権威を高めようとした信長の思惑です。こうしたデモンストレーションは京都のみならず、広く全国各地に情報が伝わったと考えられます。信長にとっては、天皇という権威的な存在を推戴したことに意味があったのです。

馬揃え直後の三月七日、信長は左大臣に推任されました。ところが、このときの信長は、譲位が行なわれたあとに官位を受けたい、と意向を述べています。しかし、朝廷では信長の申し出に対し「当年、金神《こんじん》により御延引」という回答をしています。金神とは、陰陽道で祀る神のことで、殺伐を好むおそるべき神であり、この神の方位は大凶方とされています。そのようなことを嫌って、あえて正親町天皇は譲位を行なわなかったのです。信長は朝廷の意向を汲み取り、無理に譲位を勧めることはありませんでした。

天正十年四月二十五日、朝廷は信長に対して、関白・太政大臣・将軍のいずれかに推任しようとしています（『天正十年夏記』）。公武のもっとも重要な職を三つも挙げている点は、注目に値します。信長へ熱心に任官を進めたのは、皇太子である誠仁《さねひと》親王でした。誠仁親王は、「どのような官にも任じることができる」ことを信長に伝えています（「畠山記念館所蔵文書」）。このいわゆる三職推任に関しては、信長が強制したものなのか、朝廷が自発的に申し出たものか、また信長が三つのうちどの官職を望んでいたのか、などをめぐって、さまざまな説が提示されてきました。

将軍職に関しては、当時対立していた足利義昭が未だその地位にあったので、任官は困難であったと考えられています。信長を将軍職に就けるには、何らかの手段によって義昭の官を解く必要があります。朝廷では信長が将軍職を望んだ場合、義昭を解官《げかん》する手続きが必要になり、事は面倒となります。しかし、朝廷があえて将軍職を提示したのは、その準備があったからでしょう。

また、天正十年五月に太政大臣である近衛前久《このえさきひさ》が職を辞していますが、これは信長が太政大臣に任官することを想定してのことともいわれています。この辺りは可能性として否定できませんが、十分な裏付けが乏しいところです。

ところで、『天正十年夏記』には、交渉に臨んだ勧修寺晴豊《かじゅうじはれとよ》が「関東討ちはたされ珍重候間、将軍ニなさるへきよし」と回答しています。先述のとおり、信長は天下を平定した際に官位を授かってもよいと述べています。この時点においては、甲斐の武田勝頼を天目山で滅ぼしていました。信長の発言は、鎌倉幕府を開いた源頼朝の先例にならったものです。以上のような点を総合した結果、朝廷は信長の意向に沿って、最初から将軍職を与える予定であったという理解が示されています。

信長は正親町天皇と誠仁親王に対して返書を送っており、また晴豊も村井貞勝《むらいさだかつ》（信長家臣で京都所司代）の邸宅を訪れて、信長からの返事を伝えています。しかし、残念なことに、その回答は現在に伝わっておらず、信長が三つの官職の中からどれを選択したのか、あるいは三つとも拒否したのか不明としかいいようがありません。それゆえに先述のとおり、将軍あるいは太政大臣が与えられる予定であった、などという異なった見解が提示されているのです。

信長以前の戦国大名は、金品を天皇・朝廷に贈ってでも官職を欲しがりました。信長は朝廷に対しては手厚い措置をとっていましたが、特段官職に固執したようには見えません。逆に、天皇・朝廷サイドのほうが、何かしら信長に気を遣って官職に就けようとしています。信長は朝廷の最高位である太政大臣や関白職を保持していても、全国支配の裏付けにならないことを知っていました。将軍職でさえも各地を逃亡する足利義昭を見れば、同じことだったでしょう。

信長は、天皇という権威を重んじながらも、官職に大きな意味を見出していません。したがって、私自身は、天皇・朝廷から三職推任という話がありながらも、そのいずれも断ったというのが事実ではなかったかと考えています。その際、まだ正親町天皇が譲位していないということも、辞退するための理由の一つに挙げられるでしょう（正親町天皇の譲位は、天正十四年）。高い官職がなくても、実効支配は可能である。そう信長は考え、受けなかったのではないでしょうか。信長は、巧みに官職を辞退する方向で動いたのだと思います。

信長の全国平定には、「天下のため」という大義名分がありました。全国平定には、私利私欲のためでなく、あくまで「天下のため」という理由付けが必要だったのです。そのためには、天皇の権威というものを最大限に尊重する必要があり、自己の権力と直接結び付けることが肝要でした。その点でも、取り立てて官職は大きな意味を持たず、武家の棟梁のシンボルである将軍職ですら、信長にとってはあまり重要ではなかったのです。

2 豊臣秀吉と関白相論

❖貧しき出自——秀吉の誕生譚

日本史上において、百姓から天下人へと上り詰めたのは、秀吉ただ一人といってもよいでしょう（出自には諸説ある）。その出自には秀吉自身によって神秘的な要素が加えられ、人々の間に広まりました。この事実は、秀吉の天皇・朝廷観を考えるうえで、大変興味深いものがあります。では、秀吉の出自は、どのように伝わったのでしょうか。その点を述べてみたいと思います。

これまで秀吉の生年月日については、天文五年（一五三六）一月一日、つまり元日であるといわれてきました。特にご年配の方々は、この説を信じているように思います。しかし、この説は、秀吉の神秘性を強くアピールするための創作であると考えられています。現在では、『天《てん》正記《しょうき》』所収の『関白任官記《かんぱくにんかんき》』に「丁酉（天文六年）二月六日」と記載されていることから、秀吉が天文六年（一五三七）二月六日に誕生したという説が有力視されています。少なくとも秀吉が天文六年に誕生した裏付けとして、家臣である伊藤秀盛《ひでもり》の天正十八年（一五九〇）十二月の願文《がんもん》の中に「関白様　酉之御年　御年五十四歳」とあるので、間違いないところでしょう。

天文六年二月六日、秀吉は尾張国中村（名古屋市中村区）の百姓弥右衛門《やえもん》と同国御器所《ごきそ》村の「なか」との間に誕生しました。百姓の家に生まれた秀吉が貧しかったであろうことは、想像に難くありません。父弥右衛門の姓を木下とする説もありますが、秀吉が木下姓を称するのは永禄四年（一五六一）のことです。したがって、弥右衛門には姓すらなかった可能性が高く、百姓だったのは事実でしょう。弥右衛門は合戦での怪我が原因となり、天文十二年（一五四三）一月に亡くなったといわれています。

以上のように、秀吉は貧しい出自ではあったのですが、のちに大きな志を持って家を出ました。遠江国久野《くの》城主である松下加兵衛《まつしたかへえ》（今川義元の家臣）と出会い、その小者として仕えたことはあまりに有名です。しかし、この話も現在では、誤りであると否定されています。いずれにしても、秀吉はのちに織田信長へ仕えるようになり、頭角をあらわすようになります。秀吉は数々の合戦で活躍し、本能寺の変で信長が横死すると、天下人への道を歩みました。しかし、秀吉の幼年期あるいは少年期の話になると、事実とは認めがたい説が登場します。これは、秀吉が出自にコンプレックスを抱いていた証左ともなりますが、次にそのいくつかを取り上げることにしましょう。

❖秀吉の栄達願望

秀吉も個々の公家と交渉がありましたが、やはり天皇・朝廷に対してさまざまな対応や政策を行なっている点は信長と同じです。特に、信長とは対照的に、官職を最大限に活用したことは特筆すべき点です。したがって、信長と同様、対象を特定の公家に限定せず、天皇・朝廷全体を視野に入れて述べたいと思います。

秀吉に強烈なほどの栄達願望があった理由は、その出自に要因があると考えられます。自らの出自を覆い隠すためには、自身の誕生のエピソードまでも創作しています。そうした物語が後世に伝えられ、われわれを混乱に陥れているのです。具体的に、どのようなものがあるのか確認しておきましょう。

天正十三年（一五八五）、秀吉は大村由己《おおむらゆうこ》に命じて、自身の誕生譚《たん》を創作させています。この年、秀吉は「豊臣」姓を下賜され、太政大臣に就任しました。前年には関白になっており、ちょうど秀吉は絶頂期にありました。その誕生譚とは、秀吉の母なか（萩中納言の娘となっている）が宮廷に仕えているときに秀吉を身籠もり、尾張国に帰郷して生まれたというものです（『関白任官記』）。秀吉は「皇胤《こういん》説」を吹聴することによって、自身が天皇家とつながっていることを主張しました。むろん、この話は荒唐無稽なもので、全く信じることはできません。ちなみに、大村由己は秀吉の身辺に仕える御伽衆《おとぎしゅう》の一人であり、秀吉の功績を示す『天正記』を執筆した人物です。

ところが、その五年後の天正十八年（一五九〇）、秀吉はまたもや新しい誕生譚を創作します。その誕生譚とは、母なかのお腹に太陽が入って妊娠する夢を見て、秀吉を産んだというものです（『甫庵太閤記』）。秀吉は、日吉山王権現《ひえさんのうごんげん》（天台宗の鎮守神）の申し子として、新たに宣伝されたのです。この説は、「日輪受胎説《にちりんじゅたいせつ》」と称されています。秀吉の幼名が日吉丸であったというのは、この説に拠っています。この年、秀吉は小田原北条氏を滅亡に追い込み、名実ともに天下統一を成し遂げました。その秀吉を神格化するのには、このような創作が必要だったのです。もちろん、この話も荒唐無稽なもので、とうてい信用することはできません。

いわゆる「日輪受胎説」には、中国の歴代王朝における始祖神話の影響が認められます。秀吉はのちに朝鮮出兵に及びますが、「日輪受胎説」を根拠にして、支配の正当性を主張したかったのでしょう。秀吉は「日輪受胎説」を国書に記して、明、朝鮮、ルソン（フィリピン）、高山《こうざん》国《こく》（台湾）、インドなどのアジア諸国に送って主張し、各国に従属化を求める根拠としています。秀吉の出自は、壮大なスケールになっていたのです。

秀吉が貧しい百姓の出身であったことは、ポルトガル人宣教師のルイス・フロイスの記録にも残されています（『日本史』など）。秀吉の述懐を記録したものと考えられますが、こちらのほうがよほど信憑性が高いといえます。

秀吉がこだわったのは、誕生譚だけではありません。例えば、秀吉が足利義昭の養子となって、将軍職を得ようとしたことが、『義昭興廃記《よしあきこうはいき》』に記されています。

天正十三年、秀吉は足利義昭の養子となって、征夷大将軍の職に就こうと望みましたが、義昭の許しを得られませんでした。それどころか義昭は、卑賤の者を子とすることは、後代の嘲《あざけ》りとなるので叶えることができないといいました。秀吉は激しく立腹し、結局、関白の職に就いたのです。

同様の話は、『後鑑《のちかがみ》』や林羅山《はやしらざん》（江戸時代初期の儒学者）の『豊臣秀吉譜』にも載せられています。秀吉が義昭の養子になろうとして拒否されたことは、長らく事実であると信じられてきました。しかし、現在では関係する一次史料を欠いていることから、虚構であると指摘されています。こうした説が流布したのも、秀吉の身分が低いというコンプレックスが強く影響しているように思います。

天下統一の道を着実に歩む秀吉にとって、どうしても拭いきれないのは出自のことでした。秀吉には、それを覆い隠す努力が必要だったのです。ところで秀吉は、あることをきっかけにして関白に就任します。百姓を出自とする者が関白になるということは、当時全く考えられないことでした。次に、その点を確認しておきましょう。

❖関白相論をめぐって

関白相論《かんぱくそうろん》について述べる前に、関白とはどのような職なのかを説明しておきましょう。関白が日本史上に初めて登場するのは、仁和三年（八八七）に宇多《うだ》天皇が太政大臣の藤原基経《ふじわらのもとつね》を任命したときとされています。十世紀末頃からは、天皇が幼少のときには摂政を、成長してからは関白をそれぞれ置くことが慣例となりました。摂政と関白との違いは、摂政が天皇の代理人的な意味合いがあるのに対し、関白は補佐する地位に止まるとされている点です。しかし、実際には、両職に大きな差はありません。

摂政・関白の職は、藤原氏北家《ほっけ》が独占するところとなり、藤原道長以後はその子孫に継承されました。いわゆる摂関政治と呼ばれるものです。鎌倉時代以後は、五摂家《ごせっけ》と称せられる近衛、九条、二条、一条、鷹司の各家が交代で務めています。この事実は、これから述べる豊臣秀吉・秀次父子が関白職に就いたのを例外として、幕末・維新期まで続くことになります。ちなみに関白を退いたあとは、太閤《たいこう》と称せられます。秀吉が太閤と呼ばれるのは、そのためなのです。

次に、秀吉の官職を確認しておきます。

①天正十年十月――従五位下・左近衛権少将
②天正十一年五月――従四位下・参議
③天正十二年十一月――従三位・権大納言
④天正十三年三月――正二位・内大臣

一連の任官については、「木下家文書」に口宣案《くぜんあん》が残されていますが、その任官の過程については疑義も提示されています。例えば、①②の口宣案に関しては、秀吉が従三位・権大納言を受けるに際して、日付をさかのぼって作成したという見解です。ただし、①②は決して偽文書《ぎもんじょ》というわけではありません。したがって、秀吉が官職を強く意識し出したのは、天正十二年頃からであると指摘されています。そして、天正十三年には、晴れて関白に就任するのです。

関白相論とは、二条昭実《にじょうあきざね》と近衛信輔《このえのぶすけ》が関白職をめぐって争い、その争いに乗じて秀吉が関白に就任した一連の出来事を示します。関白相論をめぐっては、どのような背景があったのでしょうか。そこには、先例にまつわる複雑な事情があったのです。なお、以下の関係史料は『大日本史料』第十一編十七に収録されています。

天正十三年五月、関白以下の任官状況は上段のようになっており、以後の予定は下段のようになっていました。

①関　白・二条昭実――一年程度の在職ののちに辞任
②左大臣・近衛信輔――関白（左大臣兼務）
③右大臣・菊亭晴季《きくていはるすえ》――辞任
④内大臣・羽柴秀吉――右大臣

しかし、この人事計画が波紋を巻き起こすことになります。この人事計画に異を唱えたのが、ほかならぬ秀吉でした。秀吉が仕えた織田信長は、右大臣を極官（最高の位）として、天正十年（一五八二）に本能寺の変で横死しました。この「凶例」を避けるため、秀吉は右大臣ではなく左大臣就任を要望したのです。秀吉にとって、右大臣は不吉極まりない官位でしかなかったのです。現代のわれわれには不思議な感じがしますが、これが当時の人々の感覚でした。

天皇・朝廷では、信長に代わって台頭した秀吉に対して、相当な気遣いをしていたようです。なぜなら、秀吉は御所造営にも力を尽くし、決してなおざりにできない存在だったからです。ところが、内大臣である秀吉が左大臣に昇進すると、いったん信輔は任官のない状態を経て、昭実の辞任後に関白職に就くことになります。しかし、この流れは今までにないことで、極めて面倒なことになったのです。その点をもう少し詳しく説明しておきましょう。

左大臣を秀吉に譲らざるを得なくなった信輔は、「近衛家では元大臣という（無官の）状態から、関白になったことは今までなかった」と主張し、即刻昭実に辞任を迫り、関白職を譲るよう要求したのです。もちろん、昭実にも言い分があります。昭実は関白に就任して一年足らずでもあり、「二条家では関白に就任して、一年以内に辞任した者はいない」と主張し、関白辞任を拒否したのです。二人の争いは朝廷に持ち込まれ、当時の裁判方法である「三問三答《さんもんさんとう》」が行なわれました。「三問三答」という訴訟手続は、訴人《そにん》（原告）の訴状に対して論人《ろんにん》（被告）が陳状《ちんじょう》を提出し、両者の問答が三回行なわれることです。

二人の争いは泥沼化し、解決は困難を極めました。なぜならお互いの主張が真っ向から対立し、決して譲ることがなかったからです。結局、この相論は秀吉のもとに持ち込まれ、解決が図られることになりました。秀吉は、配下の前田玄以《げんい》と右大臣の菊亭晴季の二人に相談し、解決策を検討しています。ここで、晴季は意外な提案をすることになります。それは、秀吉を関白職に就けるという提案でした。秀吉自身は「いずれを非と決しても一家の破滅となるので、朝家《ちょうけ》のためにならない」と理由付けをして、関白就任の意向を示したのです。しかし、そこへ至るには、大きなハードルがありました。

何度もいうように、秀吉は百姓の出身です。一方で、関白への就任は、五摂家という公家の中でも最高の家柄出身者に限られています。この点をどう解決するかが焦点となりました。鍵を握ったのは、引退していた信輔の父前久《さきひさ》でした。前久は秀吉を猶子《ゆうし》として迎えることと引き換えに、将来、信輔を関白職に就けることを約束させたのです。猶子とは相続を目的とせずに結ぶ仮の親子関係のことです。つまり、前久も信輔も、秀吉の関白職就任はあくまで一次的なものであり、やがては五摂家のもとに返ってくると信じていたのです。こうして、秀吉は天正十三年（一五八五）七月、めでたく関白になりました。

その後、秀吉と朝廷との関係は、どうなったのでしょうか。翌天正十四年（一五八六）九月、秀吉は京都の大内裏跡に聚楽第《じゅらくてい》を築き、大坂城から移ってきました。同年九月には、後陽成《ごようぜい》天皇に位を譲った正親町天皇が秀吉の造営した新御所に入っています。同時に、秀吉は太政大臣となり、新たに「豊臣」姓を下賜《かし》されているのです。さらに、秀吉は近衛前久の娘前子《さきこ》を猶子とし、後陽成天皇に入内《じゅだい》させています。こうして秀吉は、天皇の外戚《がいせき》ともなりました。天正十六年（一五八八）、後陽成天皇が聚楽第に行幸した際、秀吉は諸大名から天皇と自身に忠誠・臣従することを誓約させています（『聚楽行幸記《じゅらくぎょうこうき》』）。

のちに関白職は、五摂家へ戻されることになっていました。しかし、第四章の秀次の箇所でも触れたように、秀次が関白職を継承したことによって約束は反故《ほご》にされました。秀吉は関白相論に乗じて関白職に就き、その後も巧みな手法で天皇家に接近しています。信長と同様に秀吉は天皇を推戴しつつ、自らの権威を高めようと努力したのです。しかし、信長と異なるのは、官職に固執した点でしょう。関白、太政大臣はもちろんのこと、「豊臣」という新たな姓を賜った点から、「源平藤橘《げんぺいとうきつ》」という伝統に比肩しようとした形跡がうかがえます。こうした点は、秀吉の出自の貧しさに求められ、それを覆い隠すための努力であると考えられるのです。

❖武家・公家の参賀

関白、太政大臣、豊臣姓を得た秀吉は、配下の武家を統制するために、さまざまな方法を駆使しました。

実際のところ、信長横死後に秀吉が後継者に目されると、俄然周囲の見る目が変わってきました。天正十一年（一五八三）、新年を姫路城で過ごした秀吉のもとには、秀吉に与《くみ》する大名が列を成して参賀に訪れたのです（『秀吉事記』）。彼らが年始の礼に訪れたのは、秀吉を信長の後継者と認めたからにほかなりません。同年三月、秀吉はライバル柴田勝家を滅ぼしました。さらに、天正十二年（一五八四）四月には徳川家康・織田信雄との小牧《こまき》・長久手《ながくて》の戦いで苦戦しますが、同年十一月に和睦を結び、自らは従三位・権大納言に叙せられます。秀吉は、着々と天下獲りの階段を駆け上がったのです。

一方で、天正十一年（一五八三）九月、秀吉は大坂本願寺の跡地に大坂城の築城を開始し、翌年八月に入城します。大坂城下には京都や堺の商人が移住するなど、一大都市を形成しました。城郭の巨大さは、秀吉権力の象徴といっても過言ではありません。そのような中、天正十四年（一五八六）十一月に晴れて正親町天皇が退位し、新天皇に後陽成天皇が即位しました。その翌月、秀吉は太政大臣になっています。譲位という正親町天皇の長年の宿願を叶え、また秀吉自らは関白に加えて太政大臣となることにより、公家社会でもトップの座に就くことになったのです。

翌天正十五年（一五八七）正月は、いつもと勝手が違っていました。関白・太政大臣となった秀吉のもとには、各国の大名だけでなく、公家衆も新年の参賀に訪れるようになったのです（『言経卿記』）。公家や殿上人が衣冠束帯《いかんそくたい》に身を包んで新年の挨拶に訪れたのは、もはや秀吉が無視できない存在だったからです。秀吉が得意の絶頂にあったことは容易に察せられますが、公家たちには屈辱感があったかもしれません。

天正十五年九月、秀吉が自身の政庁として築いた聚楽第が完成しました。以後、正月になると、秀吉への参賀に訪れる者は、大坂城か聚楽第のいずれかに年始の礼に参上しました。秀吉への参賀は、自身が関白を秀次に譲り、太閤と称せられても続きました。このようにして、関白・太政大臣となった秀吉は、公家社会の頂点に立つことによって、公家衆にも臣従の礼を取らせようとしました。形式や先例が意味を持つ社会にあって、たとえ秀吉の出自が貧しくとも、関白・太政大臣という地位の持つ意義は大きかったのです。

❖「羽柴」氏・「豊臣」姓の授与

次に秀吉は、自らの「羽柴《はしば》」氏や「豊臣」姓を配下の諸大名に与えています。これには、どのような意味があったのでしょうか。

大名たちは配下の武将との関係を強化するために、名前の一字を与えたことが知られています。例えば、十六世紀初頭に播磨国など三ヶ国守護であった赤松義村《あかまつよしむら》の配下の武将たちは、別《べっ》所村治《しょむらはる》、浦上村宗《うらがみむらむね》、小寺村職《こでらむらもと》などのように、義村の「村」字を与えられています。ちなみに、別所氏の「治」、浦上氏の「宗」、小寺氏の「職」は、それぞれの家の当主の通字《とおりじ》というものです。

したがって、一般的には、当主から与えられた一字プラス自身の家の通字によって、名前を決めていたのです。また、さらに時代が進むと、将軍家から名前の一字を与えられることがありました。足利義晴は「晴」の字を、足利義輝は「輝」の字を各地の大名に与えたことで知られています。

秀吉は、こうした例にならって、名前の一字でなく「羽柴」氏や「豊臣」姓を与えているのです。一つ例を見ておきましょう。天正十六年（一五八八）四月十四日、大友義統《おおともよしむね》は聚楽第の秀吉のもとを訪れました（『大友家文書録』）。このとき、大友氏は秀吉から、「羽柴」氏と「豊臣」姓を与えられています。そして、同年四月末日には、秀吉から「吉」の字を与えられ、義統から吉統《よしむね》へと名前を変えています。むろん、「羽柴」や「豊臣」を与えられたのは大友氏だけでなく、前田利家や宇喜多秀家《うきたひでいえ》のように、のちに五大老として遇せられるような者も含まれています。

ちなみに、秀吉が名前の一字「秀」を与えた例は、それほど多くありません。秀次、秀勝、秀家、秀秋など、養子に迎えた者に限られています。その理由は判然としませんが、身内と外様とで厳然たる区別を設けたのかもしれません。のちに宇喜多秀家は、配下の者に「宇喜多」ではなく「浮田」という名字を与えています。字は異なっていますが、これは秀吉の例にならったものと考えられます。

ところで、「羽柴」氏と「豊臣」姓とでは、どのような違いがあるのでしょうか。本来、姓とは「源平藤橘」のように朝廷から与えられて、初めて名乗ることが許されました。位記(位を授けられた者に与えられる文書)には、本姓を書くことになっています。例えば、足利義満であれば、清和源氏《せいわげんじ》出身で本姓が「源」なので、源義満という具合です。一方、氏(名字)とは本姓の一族から分かれた家の名で、自身が本拠とした地名などを名字としたものです。例えば、毛利氏の場合は大江広元《おおえひろもと》(鎌倉幕府成立期に政所別当などを務めた)を先祖とし、本姓は大江です。しかし、広元の四男経光《つねみつ》が相模国毛利荘を本拠としたので、毛利を名字にしたのです。

豊臣姓は、「源平藤橘」と同様に朝廷から与えられた姓でした。したがって、官位を与えられた諸大名の多くは豊臣姓で授かっています。また、彼らが文書を発給する際には、羽柴氏で署名をしています(例えば、羽柴秀家など)。秀吉は、「羽柴」氏と「豊臣」姓を与えることによって、有力な諸大名を臣従させたのです。この淵源には天皇の権威があり、それゆえに秀吉は天皇を推戴したのです。

❖武家官位の創出

次に、秀吉が目を付けたのは、官位でした。秀吉は官位をどのように利用したのでしょうか。その前に、戦国期における武家官位について触れておきましょう。

おおむね十六世紀頃から、戦国大名は朝廷に官位を希望すると、金銭と引き換えに希望する官位が天皇から与えられました（もちろん例外もあります）。特に、地方の大名は競って高い官位を望んだことが多くの研究によって明らかにされています。しかし、実力的支配が展開する戦国社会において、官位を保持することが実効支配の裏付けとなったわけではありません。

例えば、伊勢国を支配するのに、「伊勢守」という受領官途《ずりょうかんと》が有効であったかは証明することができません。むしろ、それを授かる当人が有効であると信じて、朝廷に要求したと考えるのが自然です。かつて、受領官途が当該国を支配するのに有効であるといわれてきましたが、今では実証性が乏しいため否定されています。

ところで、先述のとおり、信長は自身が官位にあまり関心を示した形跡がなく、配下の武将に任官を勧めた形跡も見出せません。多くの戦国大名は自身が官位を得るとともに、配下の武将に対しても独自に官位を与える例が見られます。通常、官位は朝廷によって口宣案《くぜんあん》（叙位・任官を口頭で伝えた際の控えの文書）で与えられましたが、戦国大名の配下の武将の場合は、ごく一部を除いて正式ルートでは与えられていません。それゆえ、戦国大名は独自に（勝手に）官途状《かんとじょう》を作成し、配下の武将に与えたのです。

こうした例からもわかるように、官位そのものに何らかのメリットがあったとは思えません。しかし、授けられた者にとっては、非常に栄誉あるものであり、それゆえに欲したという側面は否定できません。秀吉が目を付けたのは、官位の持つ栄誉という性質であったと思います。秀吉は信長とは違って、官位を利用して武家を統制しようと試みたのです。

天正十三年（一五八五）七月、秀吉が関白に就任すると、その直臣十二名が一斉に従五位下・諸大夫《しょだいふ》に叙されました（『秀吉事記』など）。石田三成、大谷吉継《よしつぐ》などです。諸大夫とは、朝廷から親王・摂政・関白・大臣などの家司《けいし》（公卿の家に置かれた職員）に補せられた者で、四位・五位まで昇進した地下人《じげにん》（官職や位階を持たない者）の称のことです。秀吉の関白就任に伴い、家司となる扈従《こしょう》が必要でした。そこで、秀吉は信頼できる直臣から十二名を選出し、従五位下・諸大夫としたのです。この事実に関しては、口宣案の発給が確認できる者もいるので、ほぼ間違いないと考えられています。

同年十月、秀吉の執奏によって、秀吉一門や諸大名が公家成《くげなり》しました（『兼見卿記』）。公家成とは、文字どおり五位以上になって、昇殿《しょうでん》を許される身分に昇進することです。このとき、秀吉の弟秀長をはじめ細川忠興《ただおき》ら十名が昇殿を許されています。中でも昇殿を許された宇喜多秀家は、まだ十四歳の少年であり、周囲も驚いたことでしょう。こうして秀吉は公家社会においても、官位執奏権というべきものを掌握したといえるのです。

関白秀吉体制の大きな画期になったのは、天正十六年（一五八八）の聚楽第行幸です。秀吉の牛車の前駆けは、七十四人とも百二十人とも伝えられています（『当代記』など）。大勢の供奉を引き連れたのは、秀吉だけではありません。従二位大納言の徳川家康は十二人、正二位内大臣の織田信雄は十人、従二位大納言の豊臣秀長は十六人、従三位豊臣秀次は十二名もの諸大夫を引き連れていました、彼らの官職は、かつての戦国大名では全く考えられないほど高いものでした。同時に、秀吉の引き連れた壮麗な行列は、天下に権力をアピールするのに十分迫力のあるものだったのです。

秀吉の配下の者で、異例なほどの出世をしたのが宇喜多秀家です。秀家の先祖宇喜多氏は、備前国の一介の領主に過ぎませんでした。秀家の父直家の歿後、秀吉は養女である豪姫《ごうひめ》（前田利家の娘）を秀家に嫁がせて関係を結びました。そこからの出世のスピードは、次のようなものです。

①天正十三年――侍従
②天正十五年――従四位下・参議
③文禄三年――従三位・権中納言

ちなみに天正十九年段階において、秀家と並ぶ地位にあったのは、徳川家康を除くと豊臣秀長や秀次といった豊臣一門に限られていました。秀吉は一門を発展させるために、官位を利用し、秀家は秀吉との姻戚関係を結ぶことと官位の授与によって豊臣一門の大名として厚遇されたのです。

こうした秩序は、大納言・中納言・参議以上の公家、四位の中将・少将、四・五位の侍従、従五位下の諸大夫という具合に序列が定められていました。大名たちが昇殿することは異例だったのですが、公家社会の秩序の枠は踏襲されていたのです。そして、彼ら大名は公家社会の中での序列に従うことになります。公式の場における座次はもちろんのこと、服制や書札礼《しょさつれい》にも及んでいます。書札礼とは、書状の形式などを規定した書礼式のことで、官位・家格など応じて文言を変えることを意味します。

秀吉は出自が貧しかっただけに、高い地位や格式に大きな憧れがあったのでしょう。そして、天皇を推戴しつつ、うまく活用したように思います。戦国という時代においては、軍事力などが重視されがちですが、秀吉は伝統や格式という側面から権力を補強しようとしたのです。天皇や公家から見れば、秀吉は百姓の子孫に過ぎません。しかし、秀吉が関白となり、多くの権限を掌握した以上、公家たちはそれに従わなければならなかったのです。

終章　公家たちのその後

❖江戸時代の「禁中並公家諸法度」

すでに第一章から第五章まで見てきたとおり、戦国時代の公家たちは厳しい試練を乗り越えて、江戸時代を迎えました。この間、多くの戦国大名たちが攻防を繰り広げましたが、最終的に天下を手にしたのは徳川家康です。満を持しての登場でした。元和《げんな》元年（慶長《けいちょう》二十年・一六一五）、家康は宿敵である豊臣秀頼《ひでより》を滅亡に追い込むと、新たな体制を築くべく諸制度の改革に乗り出しました。

同年に発布された「武家諸法度《ぶけしょはっと》」（大名など武家を統制する法令）、「諸宗本山本寺法度《しょしゅうほんざんほんじはっと》」（寺社を統制する法令）とともに制定されたのが、「禁中並公家諸法度《きんちゅうならびにくげしょはっと》」です。一般的には「禁中並公家諸法度」と称されていますが、本来は「禁中並公家中諸法度《きんちゅうならびにくげちゅうしょはっと》」というのが正しいと指摘されています。しかし、本章ではなじみの深い「禁中並公家諸法度」で統一することとします。

では、「禁中並公家諸法度」はどのような過程を経て制定されたのでしょうか。慶長十八年（一六一三）の段階において、「公家諸法度」が制定されていましたが、天皇に関する条文が含まれていませんでした。そこで、「禁中並公家諸法度」の制定の前年から、金地院崇伝《こんちいんすうでん》と林羅山《はやしらざん》が過去の記録類を収集するとともに、原案の作成に着手しました。その間、摂関家や公家から意見を聴取し、参考としましたが、実質的には家康の意思が大きく反映されていました。

「禁中並公家諸法度」は、「武家諸法度」、「諸宗本山本寺法度」とともに三位一体《さんみいったい》の基本法令です。したがって、全く同時期に制定されたのには、江戸幕府の施政の根本理念を示すうえで大きな意味がありました。元和元年（一六一五）七月十七日、京都二条城において、徳川家康、同秀忠、関白の二条昭実《にじょうあきざね》の三人が「禁中並公家諸法度」に花押を加え、成立の運びとなりました。公家のトップが同意して花押を加えることに、大きな意義があったといえるでしょう。家康の老獪《ろうかい》さには、ただ驚くばかりです。七月三十日には、禁中にすべての公家衆が召集され、「禁中並公家諸法度」が提示されたのです。

肝心の十七ヶ条からなる「禁中並公家諸法度」の内容は、どのようなものだったのでしょうか。その主要な部分について、確認しておきたいと思います。

第一条は、天皇に関する規定です。天皇は第一に学問、次に和歌を専《もっぱ》らとし、修学に専念するようにとあります。この条文は、順徳《じゅんとく》天皇の著作『禁秘抄《きんぴしょう》』（承久三年・一二二一成立）にならったものです。ここでいう学問とは、中国・唐の時代の『貞観政要《じょうがんせいよう》』（唐の太宗と家臣らの政治的な議論を集大成した書）、『群書治要《ぐんしょちよう》』（中国の古典から政治的要項を抽出・配列した書）を学ぶことであり、非政治的なものではありませんでした。

逆に、君主である天皇が学問を身に付けることを勧めたものといえるでしょう。しかし、江戸時代は完全に武家が支配する時代であり、天皇は何ら政治的権力を持たない存在でした。家康はあえて第一条に天皇の役割を規定することによって、大政は江戸幕府が掌握することを天下に示したのです。つまり、天皇は君主としてふさわしい教養や徳を身に付けるべきですが、実際の政治は江戸幕府に任せるという発想です。以下、「禁中並公家諸法度」の各箇条の中から要点を挙げておきます。

第四・五条——摂関家の三公（太政大臣、左大臣、右大臣）、摂政、関白の任用規定。
第八条——改元の規定。
第九条——天皇・仙洞・大臣・親王・公卿・殿上人などの衣服規定。
第十条——公家衆の官位昇進規定。
第十一条——関白、武家伝奏《ぶけてんそう》、職事《しきじ》などの申し渡しの遵守規定（守らなければ流罪）。

この基本方針が定まることにより、幕府は朝廷のあり方を制約し、公武関係を規定することになったのです。

❖明治の華族制度

江戸時代の公家は、政治的な表舞台で活躍することがありませんでした。しかし、再び公家社会を揺るがすことが起こります。それが明治維新です。慶応三年（一八六七）、江戸幕府が大政奉還《たいせいほうかん》（十五代将軍徳川慶喜が政権を天皇に返上したこと）によって消滅すると、新たに明治政府が樹立されました。では、明治維新によって、公家社会はいかなる変貌を遂げたのでしょうか。

明治二年（一八六九）六月、版籍奉還《はんせきほうかん》（全国の藩主が土地と人民を朝廷に返上したこと）が行なわれると、これまでの公家・諸侯の称が廃止され、一律に華族《かぞく》となりました。このとき、公家百三十七家、諸侯二百七十家、明治維新後に公家に列せられた五家、同じく諸侯に列せられた十六家の合計四百二十七家が華族になったのです。しかし、この段階では、後述するような等級が定められませんでした。

新しく設けられた華族は、恵まれていたといえます。華族は地方赴任などを除くと、原則として東京居住を義務付けられ、政府から家禄《かろく》を支給されていました。以下、華族に関わって、どのような制度が設けられたのか、時系列に記しておきましょう。

明治七年(一八七四)――華族間の団結を促すため、華族会館を設立。
明治十年(一八七七)――華族の子弟教育のため、学習院を創立。
同年――華族の財産保全・管理のために、第十五銀行を設立。
明治十五年(一八八二)――宮内省華族局で華族を管理。

そして、明治十七年(一八八四)に華族令が発布され、華族制度がいっそう整備されました。華族令によって、華族は公爵《こうしゃく》、侯爵《こうしゃく》、伯爵《はくしゃく》、子爵《ししゃく》、男爵《だんしゃく》の五つにランク付けがなされます。公爵に叙爵《じょしゃく》されるのは、公家では五摂家、武家では徳川宗家《そうけ》などの基準があったのです。同時に、これまで華族ではなかった人々も華族に列せられました。例えば、国家に貢献した政治家、軍人、官吏、実業家などが該当します。最初は、五百九人が叙爵されました。

華族制度は、国会開設にあわせて、さらに特権化が進みました。大日本帝国憲法下における国会は、衆議院と貴族院で構成されていました。このうち貴族院に関しては、公爵、侯爵の全員が貴族院議員になることが定められました。伯爵、子爵、男爵については、互選によって貴族院議員になったのです。また、爵位は家督相続人に世襲されるなど、大変恵まれていたといえます。

❖華族制度の終焉

明治維新後、華族が政府によって手厚く保護されていたことは、すでに見てきたとおりです。しかし、必ずしもすべての華族が恵まれていたわけではありません。

例えば、経済的基盤が弱い中下級華族は生活に困窮し、政府から財政支援を受けるありさまでした。華族としての品位を保つため、一定の出費はどうしても止むを得なかったのです。中には、華族身分を返上したり、家宝を売却したりして、何とか生活費を賄う者もありました。また、昭和二年(一九二七)、昭和金融恐慌のあおりを受けて、華族の銀行である第十五銀行が破綻しました。この破綻によって、多くの華族が財産を失っています。

こうした紆余曲折はありましたが、華族制度は長らく存続しました。しかし、華族制度は第二次世界大戦で日本が無条件降伏したことにより、大きな転換点を迎えることになるのです。それは新たな日本国憲法の制定と大きく関わっていました。

昭和二十一年(一九四六)、占領軍は華族制度を廃止するとは考えておらず、「現存する一代限り」にしようと考えていました。日本側の日本国憲法の草案には、当初「現に華族その他の地位にある者については、その地位は生存中に限りこれを認める」という条文があったのです。しかし、これを議論した帝国憲法改正特別委員会では、政党勢力の総意によって、華族制度の廃止が決定されました。同年八月二十四日には、衆議院で可決されています。

衆議院での可決を受けて、貴族院で華族制度の存続について検討されました。貴族院では自らの利害に関わるだけに、侃々諤々《かんかんがくがく》の議論が行なわれました。しかし、特権的な身分である華族制度は新憲法の精神になじまず、華族制度廃止の流れを食い止めることはできません。同年十月六日、華族制度廃止の議案は、貴族院でも可決されました。この可決によって、事実上、華族制度は終焉を迎えることになったのです。

昭和二十一年十一月三日、日本国憲法が公布されました。もちろん新憲法には、華族制度の規定はありません。そして、昭和二十二年（一九四七）五月三日、日本国憲法は施行されました。厳密にいえば、新憲法の施行によって、華族制度は完全に消滅したのです。華族制度が発足したのは明治二年（一八六九）のことですので、七十八年の長きにわたって華族制度が存続したことになります。

ところが、この間、華族たちはさまざまな生き方をしてきました。以下、そうした華族たちの一部を取り上げてみたいと思います。

❖上冷泉家と冷泉家時雨亭文庫

本書でも、たびたび取り上げた冷泉家《れいぜい》はどうなったのでしょうか。ここでは上《かみ》冷泉家を取り上げます（以下「冷泉家」で統一）。

冷泉家は「和歌の家」として、江戸時代になっても厚遇されました。各地に多くの門弟を抱え、和歌の指導にあたっていました。現在、京都市上京区烏丸今出川《からすまいまでがわ》の冷泉家時雨亭文庫《れいぜいけしぐれていぶんこ》は、数多くの古典籍や古文書が国宝または重要文化財に指定され、国文学・日本史学の貴重な史料となっています。それらは朝日新聞出版から『冷泉家時雨亭叢書』として刊行され、研究に活用されています。

しかし、文庫開設に至るまでには、幾多の困難が横たわっていました。戦前の時点において、冷泉為臣《ためおみ》（一九一一〜一九四四）は父為系《ためつぎ》（一八八一〜一九四六）とともに、冷泉家の貴重書群を「時雨亭文庫」と命名し、公開することを検討していました。為臣は國學院大學で国文学を専攻しており、学界に広く典籍類を提供したいと願ったのです。ところが、為臣は第二次世界大戦の最中に召集令状を受け、昭和十九年（一九四四）に戦死したのです。文庫公開の夢は、いったん断たれてしまいました。

以後、冷泉家では古典籍閲覧のいかなる要望にも応えることなく、歳月は流れていきました。

ところが、冷泉家の住宅は現存する最古の公家屋敷であり、国の重要文化財でもありました。何よりも古典籍・古文書は保存が大切であり、必要に応じて修復が施されるのはいうまでもありません。屋敷や古典籍・古文書の維持・管理・修理には専門的な技術が必要であり、多大な費用を要したのです。

このような状況下において、昭和五十六年（一九八一）に冷泉家時雨亭文庫は京都府教育委員会から財団法人として認可され、初代の会長に日本古代史の泰斗である坂本太郎（当時、東京大学名誉教授）を迎えました。また、平安博物館（当時）に依頼し、古典籍・古文書の目録作成に取り掛かりました。それらの成果が『冷泉家時雨亭叢書』なのです。同書の刊行によって、これからも国文学、日本史学などの研究がますます進展することでしょう。

❖女優になった公家の子孫①——久我美子の場合

上冷泉家のように、伝統を守り抜いた公家がいる一方で、異なる進路を取る公家の末裔《まつえい》もありました。学者、政治家、実業家などさまざまでしたが、中には女優を職業とする者もいたのです。久我美子《くがよしこ》や入江《いりえ》たか子は、その代表といえる存在です。まず、久我美子から見ることにしましょう。

久我《こが》家は村上源氏の流れを汲む名門であり、明治時代までは清華家の家柄でした。公家社会においても、上位に位置していたのです。明治維新後、久我常通《つねみち》は華族に列せられ、侯爵の爵位を与えられました。昭和六年（一九三一）、美子は通顕《みちあき》の子として東京市牛込（東京都新宿区）に誕生します。父は侯爵であり、同時に貴族院議員を務めていました。普通に考えると、豊かな生活を送っていたように思えます。

しかし、実状は全くの逆でした。美子の祖父常通・父通顕は、高利貸しに借金をして事業に手を出していたのです。慣れないことでもあり、事業は失敗して、久我家の経済状態は著しく悪化していました。家屋敷を差し押さえられていたことは、そのことを如実に物語っています。詐欺事件の嫌疑もかけられ、新聞沙汰になったこともありました。このようなことを繰り返している限り、久我家の経済状態が好転するとは思えません。女優を志した美子は、その事情を痛感していたと思います。

戦後の昭和二十一年（一九四六）、当時十五歳で学習院女子中等科に通っていた美子は、東宝ニューフェイスの第一期に見事合格を果たしました。美子が応募した理由は、傾いた久我家の経済状態を建て直すためでした。戦後、華族制度が廃止される中で、美子は思い切った手段に出たのです。しかし、美子の懸命の努力は、家の中から猛反対を受けることになりました。何といっても、久我家は名門公家の末裔です。映画に出るということは、久我家の体面を汚す行為にしか映らなかったのです。

結局は、本名の久我美子（こが　はるこ）でなく、久我美子（くが　よしこ）と名乗ることを条件として、翌昭和二十二年（一九四七）に映画界入りを認められました。学習院女子中等科を中退しての芸能界入りで、美子の強い覚悟のほどがうかがえます。結果的に、美子の映画出演は大成功でした。昭和二十五年（一九五〇）、美子は「また逢う日まで」（今井正監督）で窓ガラス越しのキスシーンを演じ、大きな話題を呼びました。その後、数々の映画やテレビに出演し、活躍したことは周知のとおりです。

❖女優になった公家の子孫②——入江たか子の場合

もう一人挙げておきたいのは、入江たか子です。明治四十四年（一九一一）、たか子は東坊城《ひがしぼうじょう》徳長《のりなが》の娘として誕生しました。本名は、東坊城英子《ひでこ》といいます。明治以前の東坊城家の家格は半家《はんけ》であり、それほど高いとはいえませんでした。もともとは天皇の侍読《じどく》（学問を教える職）を務めていた家柄です。明治になってからは子爵となり、徳長は貴族院議員を務めていました。

しかし、その東坊城家を悲劇が襲いました。大正十一年（一九二二）八月、徳長が突如として世を去ったのです。悲しみの覚めやらぬ翌年、関東大震災で千駄ヶ谷《せんだがや》の東坊城家の邸宅が半壊し、売却せざるを得ない状況になりました。一家の経済状態は悪化して極貧生活を強いられるようになり、高円寺《こうえんじ》の小さな文化住宅に移りました。当時、たか子は文化学院に通学していましたが、やがて学費の納入が滞りがちになりました。東坊城家の家計は、たか子の兄光長《みつなが》が描く広告図案の収入に頼っていたのです。のちに、たか子の兄恭長《やすなが》が日活に入り、映画俳優として活躍すると、一家の収入は好転しました。

こうして昭和二年（一九二七）、たか子は無事に文化学院を卒業することができました。卒業後、たか子は兄恭長のもとで暮らしていましたが、新劇の舞台で代役を務め、一躍注目されるようになります。さらに、映画監督内田吐夢《とむ》の熱心な勧誘もあって、たか子は映画界入りを果たしました。特段、家内から反対がなかったのは、兄恭長がすでに映画の世界で活躍していたからでしょう。芸名の「入江たか子」は、恭長の愛読書『若き人々』（武者小路実篤《むしゃのこうじさねあつ》著）の主役「たか子」と登場人物の一人「入江」を合わせたものといわれています。

たか子はその美しい容姿と抜群のプロポーションで、たちまち銀幕のスターの階段を駆け上がりました。高峰秀子《たかみねひでこ》は自伝『私の渡世日記』（文春文庫）の中で、たか子を原節子《はらせつこ》、山田五十鈴《やまだいすず》とともに「日本映画史上の三大美人」であると記しています。たしかに、マルベル堂のブロマイドの売り上げも好調だったといわれています。たか子はのちに映画制作会社「入江プロダクション」を設立するなど、女優人生は順風満帆でした。しかし、戦前は多くのヒット作に恵まれたたか子でしたが、戦後は不運であったといえます。

戦後間もなく、たか子は病気がちになり、映画の仕事も徐々に減っていきました。昭和三十年（一九五五）にはバセドウ氏病と診断されましたが、入院費を工面するため無理に仕事をこなしました。手術を受けたのは、翌年のことです。昭和三十三年（一九五八）には『怪談佐賀屋敷』に出演し、「化け猫女優」として一世を風靡しました。しかし、それは生活のためだったのです。その後、銀座で「バー・いりえ」を経営するなど、映画界から遠ざかっています。

以上のように、困窮した華族の娘たちは、家計を助けるために映画界へ飛び込みました。華やかな銀幕のスターの陰には、厳しい現実があったのです。

❖醜聞にまみれた公家の子孫――柳原白蓮と柳原義光

華族とは、その名称のように「華やかな」印象がありますが、現実は決してそうではありませんでした。いわゆるスキャンダルが世間を賑わしたこともたびたびありました。ここでは、柳原《やなぎはら》家の例を取り上げたいと思います。なお、柳原家については、第四章を参照ください。

明治維新後、柳原家の屋台骨を支えたのは前光《さきみつ》でした。前光は、嘉永《かえい》三年（一八五〇）に光愛《みつなる》の子として誕生しました。前光の名前が知れ渡ったのは、戊辰《ぼしん》戦争のときです。慶応四年（一

でした。このとき前光は、まだ十九歳という若さでした。その後、甲斐国《かいのくに》鎮撫使《ちんぶし》に任命され、甲斐国の統治にあたっています。江戸城の接収で活躍しました。その後、甲斐国（一八六八）、前光は東海道先鋒副総督《とうかいどうせんぽうふくそうとく》に任じられ、

明治新政府樹立後の前光は、順調に出世の階段を駆け上がります。明治二年（一八六九）、前光は外務省に出仕しました。そこでは、朝鮮外交で強硬論を唱えるなど、独自の外交論を展開し、能力を十分に発揮しています。外務大丞《だいじょう》に就任した前光は、日清修好条規締結に奔走し、外務卿の陸奥宗光《むつむねみつ》をサポートしました。その後、オランダ兼ベルギー代理公使を務め、明治七年（一八七四）の台湾出兵では、特命全権公使として大久保利通と事後処理にあたりました。

明治十年（一八七七）の西南戦争では勅使として鹿児島に赴き、島津氏と会見しています。また、『皇室典範《こうしつてんぱん》』（皇室に関する事項を規定する法律）の制定に際しては、女系天皇を排除することを提起したことで知られています。いずれにしても、前光は政府から信頼されていたのです。その後の出世は、次に示すとおりです。

明治十六年（一八八三）――賞勲局《しょうくん》総裁
明治十七年（一八八四）――伯爵
明治二十二年（一八八九）――元老院《げんろういん》議長

明治二十四年(一八九一)――宮中顧問官

前光が亡くなったのは、明治二十七年(一八九四)のことです。前光は西園寺公望《さいおんじきんもち》とともに将来を嘱望されており、まさしく惜しまれた死でした。ちなみに妹の愛子《なるこ》は、大正天皇の生母であり、名門にふさわしい姻戚関係を結んでいたのです。

前光の後継者となったのは、長男の義光《よしみつ》です。義光は明治九年(一八七六)に誕生しました。慶應義塾で勉学に励み、日露戦争にも出征しました。のちに貴族院議員になるなど、義光の将来は前途洋々たるものがありました。名門柳原家に恥ずかしくない経歴であったといえます。

しかし、実際には身内のことが原因となり、義光には徐々に不幸が近付いていたのです。

前光には正妻として初子《はつこ》がいたのですが、ほかに妾《めかけ》を抱えていました。それだけでなく、前光は芸者おりょうを愛人として囲っていました。やがて、前光とおりょうの間には、明治十八年(一八八五)に女子が誕生しました。名は燁子《あきこ》といい、のちに「大正三美人(ほかは九条武子《たけこ》、江木欣々《ぎきんきん》または日向きむ子)」の一人と称され、「白蓮《びゃくれん》」という名で歌人としても知られました(以下、よく知られた「白蓮」で統一)。ちなみに白蓮とは、白い蓮の花のことで、心が清浄で汚れのないことのたとえを意味します。白蓮の人生は、実に興味深いものでしたが、どのようなものだったのでしょうか。

白蓮は父前光が亡くなった明治二十七年（一八九四）、親類にあたる北小路《きたこうじ》家の養女になります。北小路家は半家《はんけ》の家柄でしたが、ご多分に漏れず明治以降は貧しい生活を送っていました。当時、白蓮は華族女学校（のちの女子学習院）に在学していました。しかし、北小路家の養女になったことが、白蓮の運命に暗い影を落とすことになるのです。

白蓮を養女に迎えたときの北小路家の当主は随光《よりみつ》でしたが、前光と同じく女中《じょちゅう》に男子を産ませました。のちの資武《すけたけ》です。随光には嫡子がなく、柳原家から前光の弟を養子に迎えていました。しかし、資武が誕生したので養子縁組を解消し、将来的に白蓮を資武の妻に迎えようとしました。柳原家との関係を十分に考慮したうえでの結論だったと考えられます。

ところが、資武は白蓮に対して、妾の子であるという事実を明かすなど、問題行動を起こします。白蓮は自殺まで考えたといわれていますが、当時はまだ自由恋愛がそれほど認められていたわけではありません。親族会議を経て、資武と白蓮は半ば強引に結婚させられました。明治三十三年（一九〇〇）、白蓮はまだ十四才でした。翌年、白蓮は功光《いさみつ》を出産しましたが、わずか五年間の結婚生活で離婚することになります。

北小路家は京都に移っていたのですが、相変わらず貧しい生活を送っていたといわれています。また、資武は女中と性的な関係を結ぶなど、夫婦関係は早くから破綻していたようです。離婚をめぐっては、柳原家内でも賛否がありましたが、事情を考慮して認められることになりました。

離婚後の白蓮は、明治四十一年（一九〇八）に東洋英和女学院に入学し、慈善事業に強い関心を抱くようになりました。国文学者・歌人である佐々木信綱《のぶつな》に師事し、竹伯園《ちくはくえん》で歌の指導を受けるようになったのもこの頃です。このように、学問や歌に没頭する白蓮へ対し、新しい縁談話が持ち上がりました。

明治四十四年（一九一一）、白蓮は九州で「炭鉱王」として知られた伊藤伝右衛門《でんえもん》と結婚します。白蓮は二十七歳、伝右衛門は五十二歳という倍近くも年齢が離れた夫婦でした。伝右衛門は一代で財を成した立志伝中の人物で、伊藤鉱業を経営しながら、政友会の代議士も務めていました。白蓮は伝右衛門が慈善事業に協力するという条件で結婚を承諾したといわれていますが、一方で父義光が貴族院選挙の運動資金を得るのが目的であったとも指摘されています。

ところが、伝右衛門との結婚もうまくはいきません。白蓮は「炭鉱王」の妻になることにより、「筑紫の女王」と称されました。一方で伝右衛門の遊郭《ゆうかく》遊びは派手であり、当初約束したといわれる慈善事業には一向に関心を示しませんでした。白蓮は作歌に打ち込むことによって気を紛らわしましたが、伝右衛門から遊郭遊びによる性病をうつされることにより、関係は完全に破綻したのです。

ほぼ同じ頃、すでに白蓮には意中の人がいました。社会運動家として知られた宮崎龍介です。

龍介の父は孫文《そんぶん》（中国の政治家・革命家）を支援した宮崎滔天《とうてん》で、その影響を強く受けていました。二人が出会ったのは大正八年（一九一九）のことで、大分県の別府であったといわれています。龍介に強く惹かれたのは白蓮のほうで、何度も手紙を送っています。上京のたびに二人は逢瀬《おうせ》を重ね、大正十年（一九二一）には、妊娠が発覚しました。白蓮と伝右衛門が正式に離婚したのは、同年十二月のことです。白蓮にとっては、三度目の結婚でした。

二人の関係は新聞にも大きく取り上げられ、賛否両論の意見が沸き起こりました。好意的に受け止めるマスコミもありましたが、大勢は批判的なものでした。何より問題となったのは、黒龍会《こくりゅうかい》（国家主義の政治団体）の内田良平《うちだりょうへい》がこの離婚劇を激しく糾弾し、義光に貴族院議員の辞職を迫ったことでした。義光は世間の非難も含めて、辞任を逃れられなくなり、ついに大正十一年（一九二二）に貴族院議員の辞職に追い込まれました。

この事件ののち、義光には不幸が次々と襲ってきました。貴族院議員辞任後の義光は、事業に手を伸ばすことになります。しかし、事業経験のない義光は運転資金の出資を要求されるなどし、ついに麻布桜田町の自邸を売却することになりました。それだけではありません。昭和八年（一九三三）には、義光の男色《なんしょく》騒動が新聞に報じられました。義光は男色相手に脅され、金銭を強要されていたのですが、警察に相談したことがマスコミにすっぱ抜かれたのです。当時、男色が大きな醜聞となったのは、いうまでもありません。このスキャンダルには、さすがの昭和天皇も頭を悩ましたようです。

このように、かつての名門柳原家は醜聞にまみれ、家名を著しく損ないました。経済的に傾いたことも、いっそう厳しい状況に拍車をかけました。実は、義光の娘徳子《のりこ》（吉井勇《よしいいさむ》の妻）も不倫騒動を起こしています。このように柳原家だけでなく、スキャンダルに巻き込まれ、また経済破綻した華族が少なからず存在したのです。

❖政治家になった公家の子孫①——西園寺公望の場合

華族の中には、積極的に政治に参画した人物もいました。ここでは、西園寺公望《さいおんじきんもち》と近衛文麿《このえふみまろ》の二人を挙げておきたいと思います。二人は政治家として明暗を分け、対照的な人生を歩んだのです。

まずは、西園寺公望です。西園寺家は清華家《せいがけ》に属する家柄で、京都北山に西園寺を造営して家名としました。鎌倉時代に活躍した公常《きんつね》は、承久《じょうきゅう》の乱（承久三年・一二二一）で鎌倉幕府に与《くみ》し、その功績から幕府の助力を得て、太政大臣まで上り詰めます。加えて孫女を后妃とし、皇室と外戚関係を結びました。その勢いは、五摂家を凌ぐものがありました。公常の子孫は、関東申次《もうしつぎ》となり、朝廷と幕府との連絡役を務めました。

嘉永《かえい》二年（一八四九）、公望は徳大寺公純《きんいと》の次男として誕生しました。徳大寺家は清華家に属した家柄で、公純は幕末に攘夷派の公家として知られた存在でした。公望の兄実則《さねのり》は、のちに内大臣（天皇の補佐を職務とした）を務めた逸材です。弟友純《ともいと》は、のちに住友家の養子となり、第十五代住友吉左衛門を襲名しました。住友家とは、いわゆる財閥です。公望が西園寺家の養子になったのは、嘉永五年（一八五二）のことでした。

幕末・維新期において、西園寺家は目立たない存在でした。しかし、公望が若くして孝明《こうめい》天皇に仕えると、頭角をめきめきとあらわし始めました。特に、公望が積極的に主戦論を展開したことは注目され、岩倉具視《ともみ》から賞賛されたほどです。討幕派の公家として台頭した公望は、戊辰戦争で山陰道鎮撫総督《さんいんどうちんぶそうとく》、会津征討越後口総督府大参議《あいづせいとうえちごぐちそうとくふだいさんぎ》として活躍し、幕府方の諸藩を従えました。このとき公望は、まだ二十歳前後の若さでしたが、新潟府知事を務め、明治二年（一八六九）にすべての官職を辞しました。

官職を退いた公望は長崎に遊学するなどし、やがてフランスに強い関心を示すようになります。明治四年（一八七一）、公望は政府留学生として官費を得て（のちに私費留学生）、フランスのソルボンヌ大学などで学びました。フランスでは在野の法学者エミール・アコラースの影響を受け、首相となるジョルジュ・クレマンソーと交友を深めました。さらに、中江兆民《なかえちょうみん》とも親交を深め、自由主義的な思想を享受しました。

公望の留学期間は十年近くに及び、帰国したのは明治十三年（一八八〇）のことでした。帰国した公望は明治法律学校（現明治大学）の講師を務め、中江兆民とともにフランス流の自由主義を掲げる『東洋自由新聞』を創刊します。しかし、同紙は明治天皇の内勅《ないちょく》（内々の天皇の命令）によって、廃刊に追い込まれてしまいました。理由は、当時自由民権運動が盛んになっており、公家出身の西園寺家が関与することを社会的な影響から恐れたことによります。

一時不遇を囲った公望でしたが、伊藤博文の知遇を得て、再び表舞台に登場します。日本が近代国家の道を歩み始めるには、憲法の制定が不可欠なものでした。当時、憲法制定に関わっていたのが伊藤博文であり、調査のために渡欧していました。明治十八年（一八八五）、公望は伊藤に同行し、憲法や皇室制度に携わったのです。渡欧経験のあった公望は重用され、以後はオーストリア公使などを歴任し、明治二十四年（一八九一）に晴れて帰国しました。

帰国後の公望は政府で賞勲局総裁や枢密顧問官《すうみつこもんかん》などの要職を務め、さらに第三次伊藤博文内閣で文部大臣に就任しています。病気であった外務大臣の陸奥宗光に代わって、日清戦争の戦後処理にもあたりました。折衝では、豊富な海外での経験が生かされています。明治三十三年（一九〇〇）には立憲政友会《りっけんせいゆうかい》の創立にも関わり、のちには伊藤の跡を受けて第二代の総裁になりました。公望が初めて内閣総理大臣に就任したのは、明治三十九年（一九〇六）のことです。以後は、桂太郎と交代のような形で内閣を組織したので、「桂園時代《けいえんじだい》」と称されました。

明治四十四年（一九一一）の第二次西園寺内閣で辞職すると、公望は元老《げんろう》に推されます。元老とは戦前から存在し、内閣総理大臣の選任や国家の重要政策の決定にあたった政治家のことを示します。例えば、伊藤博文や山県《やまがた》有朋《ありとも》は自らが内閣総理大臣を退いたあとも元老として発言権を得て、自ら政権を担当することがなくても、政治のあらゆる場面で影響力を行使しました。「桂園時代」にあっても例外ではなく、元老の発言権は絶大なものがあったのです。

大正期に至って、事情は大きく変化しました。大正十三年（一九二四）、元老の一人であった松方正義《まつかたまさよし》が亡くなることにより、公望は唯一の元老となります。当時は政党政治がしっかりと機能しており、公望は「憲政《けんせい》の常道《じょうどう》」の慣行を作りました。同年に成立した護憲三派《ごけんさんぱ》内閣（憲《けん》政会《せいかい》、立憲政友会、革新倶楽部《かくしんくらぶ》）の連立は、その象徴といえます。政府や政党の要人は公望のもとを訪れ、次期内閣総理大臣の人選を相談したことから、「西園寺詣《もう》で（または居住地にちなんで「興《おき》津《つ》詣で」）」と呼ばれたほどです。興津とは、現在の静岡市清水区にあり、公望の住んだ坐漁荘《ざぎょそう》も復元されています。

昭和七年（一九三二）、海軍の青年将校が中心となったクーデターである五・一五事件が起こると、政権の権威は一気に失墜し、軍部が大きく台頭しました。同時に、元老による内閣総理大臣の指名が意味を持たなくなったのです。公望は斎藤実《さいとうまこと》や岡田啓介《おかだけいすけ》といった軍人を首班に指名しながらも、政党内閣の復活を模索していました。しかし、公望の願いは叶うことなく、内閣総理大臣の決定権も内大臣を中心とした重臣との協議に比重が移っていきます。

昭和十五年（一九四〇）十一月、公望は戦争の近いことを肌で感じつつ亡くなりました。九十二歳という長命でした。葬儀は国葬として執り行なわれました。公望は幕末・維新期から第二次世界大戦の始まる直前まで、まさしく政治の王道を突き進んでいきました。晩年は不遇だったかもしれませんが、それでも第二次世界大戦の悲劇を味わうことがなかっただけでも、幸運だったのかもしれません。その辺りは、次に示す近衛文麿とは大きな違いがあったのです。

❖政治家になった公家の子孫②――近衛文麿の場合

公望の晩年頃から政治の表舞台に登場したのが、のちに内閣総理大臣を務めた近衛文麿です。いうまでもなく、近衛家は五摂家の一つという名門公家です。

明治二十四年（一八九一）、文麿は篤麿《あつまろ》の長男として誕生しました。異母弟の秀麿《ひでまろ》は、指揮者・作曲家として知られた人物です。父篤麿は大学予備門（現東京大学）を経て、ドイツに留学し、ボン大学、ライプツィヒ大学で学びました。明治二十三年（一八九〇）に帰国後は貴族院議員、学習院長、枢密顧問官などを歴任し、文字どおり政府の要職を歴任しました。対外強硬派として知られ、「朝鮮扶掖《ちょうせんふえき》、支那保全《しなほぜん》（朝鮮を助け、中国を保護する）」をスローガンに掲げたことは有名です。

篤麿は東亜同文書院《とうあどうぶんしょいん》や国民同盟会を設立し、日清提携論やアジア主義思想を提唱するなど、政治活動に熱心に取り組みました。しかし、篤麿があまりに熱心なため、政治活動にも資金を大量に投入してしまうのです。篤麿は明治三十七年（一九〇四）に亡くなりますが、借金はかなりの額になっていたといわれています。そのため文麿は、経済的にかなりの苦労をしたのです。

文麿の経歴は、父と同じく華麗なものでした。文麿は、学習院初等・中等科、第一高等学校を経て京都帝国大学法科大学に入学し、経済学者河上肇《かわかみはじめ》の教えを受けています。卒業後は、内務省に入省しました。エリートといっても過言ではありません。大正五年（一九一六）、文麿が二十五歳になると、規程により貴族院議員になりました。昭和八年（一九三三）には、貴族院議長に推されています。四十二歳という若さでした。

若き青年華族を支えたのは、同じ公家出身で華族である西園寺公望でした。大正八年（一九一九）に公望が全権としてベルサイユ講和会議に出席した際、文麿も随行して経験を積みました。リベラルな思想を持ち、清華家の流れを汲む公望は、当時、天皇から厚い信頼を得ており、若い文麿にも大きな影響を与えました。しかし、英米に好意的な態度を取る公望は、やがて文麿と思想的にも立場的にも離れることになるのです。

文麿は五摂家の出身ということもあって、公望以上にその将来を嘱望されていました。文麿は「十一会《じゅういちかい》」に所属し、政治的な活動を行ないます。「十一会」とは、大正十一年（一九二二）十一月十一日に結成された新進華族の会合に集まったグループのことで、中でも閣僚や宮内省の上級官僚を経験した人が中心になっていました。彼らは公望の信条である「新英米」「反軍部」に強く反発し、現状を打破する「革新」を旗印に、新しい国家体制の構築を目指したのです。

とりわけ文麿は、大正七年（一九一八）に「英米本位の平和主義を排す」（『日本及日本人』十二月号）という論文を発表しました。内容は、正義人道に基づく世界各国民等生存権を確立するため、①英米本位の平和主義を排除すること、②経済的帝国主義を排し、植民地を解放すること、③そのうえで日本の進路を確保すべきこと、を論じています。彼らは「革新華族」とも呼ばれ、政治に深く関与することになったのです。

このように革新的な思想を持った青年政治家・文麿は、政財界のみならず庶民からも大きな支持を得るようになります。特に、昭和七年（一九三二）の五・一五事件以後、政党勢力が勢いを失くしており、その期待はいっそう大きくなりました。昭和十一年（一九三六）の二・二六事件後、ついに文麿は首班としての指名を受けました。しかし、このときは健康問題を理由にして、文麿は固辞しています。

首班指名を辞退したあとも、文麿への期待は高まるばかりでした。そして、翌昭和十二年（一九三七）、ようやく近衛内閣が成立しました。新聞各紙は、大きな期待をもって文麿の首相就任を取り上げています。文麿は、十一会のメンバーである木戸幸一《きどこういち》、有馬頼寧《ありまよりやす》、岡部長景《おかべながかげ》らの助力と昭和天皇の厚い信頼を得て、以後三度も内閣総理大臣として政権を担いました。

ところが、近衛内閣は思ったほど国民の期待に応えることができず、台頭する軍部に対して何ら抵抗できませんでした。昭和十五年（一九四〇）以降、大政翼賛会《たいせいよくさんかい》の結成、日独伊三国同盟の締結を進めましたが、翌昭和十六年（一九四一）十月十六日には半ば放り出すかのごとく、内閣を総辞職します。当初、文麿に厚い信頼を寄せていた昭和天皇や木戸幸一は、この前後に文麿を見限っていたといわれています。代わりに首相の座に着いたのは、陸軍出身の東条英機《とうじょうひでき》でした。日本がハワイのパール・ハーバーを奇襲攻撃したのは、文麿の退陣からおよそ二ヶ月月後の十二月八日のことです。

日米開戦から一年も経たないうちに、日本側の戦況はしだいに悪化していきました。このとき文麿が取った行動は、いわゆる終戦工作でした。その動きは、昭和十八年（一九四三）頃から確認することができます。そして、昭和二十年（一九四五）二月十四日には、いわゆる「近衛上《じょう》奏文《そうぶん》」を昭和天皇に奉呈《ほうてい》したのです。内容は、国体護持のために、早期に和平を実現することを主張したものでした。

文麿は、敗戦に伴う共産革命を非常に恐れていたようです。上奏文には、そのことも盛り込まれていました。しかし、この主張は、昭和天皇やその側近に受け入れられることはありませんでした。そもそも、このような形で天皇に直訴することが異例だったのであり、昭和天皇が気分を害したともいわれています。その後も文麿は、ソ連（現ロシア）を通じた独自の和平案を模索しました。

戦争が終結したのは、「近衛上奏文」を天皇に奉呈してから六ヶ月を経過した、八月十五日のことでした。敗戦直後に成立したのは、東久邇宮稔彦《ひがしくにのみやなるひこ》を首班とする内閣で、文麿は副総理格で無任所の国務大臣として入閣しました。一時は憲法学者とともに、憲法改正にも携わっています。しかし、日米開戦の直前まで首相を務めていた文麿は、戦争責任を免れることができませんでした。

昭和二十年（一九四五）十二月六日、GHQ（連合国軍最高司令官総司令部の略称）から文麿に対して、逮捕命令が伝えられました。これまで文麿は、戦争責任を軍部に転嫁する言動をしていましたが、GHQは認めなかったのです。文麿はA級戦犯として、極東国際軍事裁判で裁かれることになりました。しかし、文麿は巣鴨拘置所へ出頭することを潔しとせず、同年十二月十六日に杉並区荻窪の別邸・荻外荘《てきがいそう》で青酸カリによる服毒自殺をしました。まだ五十四歳でした。

文麿は、次男通隆《みちたか》（のちに東京大学史料編纂所教授）に遺書を口述筆記させています。内容は、文麿自身が政治的な過ちを認めつつも、戦犯として裁かれることに耐えられない、というものでした。文麿としては、戦争突入後の和平工作を認めて欲しかったのかもしれませんが、責任逃れという感も否めないところです。この口述筆記した遺書は、のちにGHQに取り上げられています。葬儀は同年十二月二十一日に執り行なわれ、大徳寺《だいとくじ》（京都市北区）の近衛家墓所に葬られました。

文麿の死は、極めて象徴的であったといえるかもしれません。かつて栄華を誇った五摂家の一つ近衛家が政治の表舞台に登場し、戦争終結とともに去っていきました。華族制度が消滅したのは、二年後の昭和二十二年（一九四七）のことです。それは、公家という存在そのものが、根底からなくなったことを意味します。今も公家や華族の流れを汲む人々がいますが、そのことだけで優越的な立場が保証されることはありません。しかし、かつて日本に公家や華族が存在し、日本の政治を動かした事実は、決して忘れてはならないと思うのです。

❖おわりに

本書では、すべての公家に触れることはできませんでしたが、さまざまな苦難にさらされながらも、戦国時代を力強く生き抜いた公家の姿を取り上げました。一条兼良のように著名な公家も論じましたが、ご存じない公家もいたかと思います。本書によって、戦国時代における公家の実像を少しでも知っていただけたら、著者として望外の喜びです。

冒頭にも記しましたが、奈良・平安時代の公家に関する研究が昔から盛んであるのに対し、戦国時代については近年ようやく盛り上がった分野といえます。実際のところ、日本史の教科書などを見ても、戦国時代の公家は文化史の分野で一部が取り上げられるのみで、一般にはあまり知られていないかもしれません。それゆえに、戦国時代の公家の実態は、後景に大きく退いているような印象を受けざるを得ません。

私の経験から申しましても、同じことがいえます。主要参考文献にも掲げていますが、私はもともと赤松氏の研究をしていました。赤松氏の政治的な側面はかなり明らかになってきているのですが、文化史についてはあまり触れられていません。特に、本書第一章〜第四章の一部については、これまでの研究を下敷きにしていますが、赤松氏（およびその被官人）が公家と盛んに交流していることには驚きを隠せませんでした。

公家は政治的な実権を失ったとはいえ、それぞれの地位に応じた権威があり、文化的な側面では武家を圧倒していました。戦国大名が公家と婚姻関係を結んだことや、古典の書写を得たことには、大きな意味があったのです。それは支配というものが単に武力や政治的権力だけでなく、旧来の伝統なり、当人の人格なりが評価の対象となっていたことを端的に示しています。

文化的な側面は公家の専売特許のような側面があり、武家では太刀打ちできませんでした。戦国大名たちは教養を高めることで、自身の権威を高めようとしたのです。いわゆる武力だけで、人は尊敬されません。これまでは文化に理解を示した戦国大名＝軟弱者というイメージがありましたが、そうではないということを改めて述べておきたいと思います。

また、戦国大名の多くは、多額の金銭と引き換えに官途《かんと》（官吏の地位）を得ます。本書でも記しましたが、官途を得たからといって、領国支配が円滑に進むという保証はありません。むしろ、その官途を周囲に示すことによって、官途を得た戦国大名自身が「官途には強い影響力がある」と認識した点に意味があると思います。公家と同様に、武家も官位への強い憧れがあったのです。

本書を執筆して改めて感じたのは、「公家のしたたかさ」の一言に尽きます。公家の窮乏生活は、特に応仁・文明の乱（一四六七年〜）以降からピークを迎えますが、なりふり構わず生き抜こうという力強さには脱帽せざるを得ません。本書で随所に示したように、下向による荘園の直務、書写した古典の売却、婚姻関係など、生きるためにあらゆる手段を尽くしたといえます。

本書執筆に際しましては、編集を担当いただだいた小代渉氏のお世話になりました。小代氏には企画の段階から相談に乗っていただき、随所で適切なアドバイスをいただくことができました。ここに厚くお礼を申し上げる次第です。

なお、本書執筆中の二〇一一年七月十日、放送大学大学院修士課程でご指導を賜った高木昭作先生の訃報に接しました。高木先生の学恩に感謝し、心からご冥福をお祈りする次第です。

本書では多くの先行研究や史料を参照しましたが、読みやすさを考慮して、学術論文の註のようにすべての根拠を逐一明記していません。この点を何卒ご海容いただき、さらに勉強を進めたい方は、巻末の参考文献をお読みいただけると幸いです。

二〇一一年十月

渡邊　大門

❖主要参考文献

◆全体に関するもの

井上宗雄『中世歌壇史の研究　改訂新版　室町前期』（風間書房、一九八四）
井上宗雄『中世歌壇史の研究　改訂新版　室町後期』（明治書院、一九八七）
菅原正子『中世公家の経済と文化』（吉川弘文館、一九九八）
中世公家日記研究会『戦国期公家社会の諸様相』（和泉書院、一九九二）
鶴崎裕雄『戦国と寄合の文芸』（和泉書院、一九八八）
富田正弘「戦国期の公家衆」（『立命館文学』五〇九号、一九八八）
湯川敏治『戦国期公家社会と荘園経済』（続群書類従完成会、二〇〇五）
米原正義『戦国武士と文芸の研究』（桜楓社、一九七六）

◆序　章

『日本の歴史』三〜七巻（小学館、二〇〇八）
『日本の歴史』六〜十二巻（講談社学術文庫、二〇〇九）

◆第一章

乾　奈保子「室町後期公家経済の一考察――三条西家の所領支配を中心に」(『年報中世史研究』五号、一九八〇)
小野晃嗣「三条西家と越後青苧座の活動」(同『日本中世商業史の研究』法政大学出版局、一九八九)
小野博司「室町後期における三条西家の伝領と支配」(『法政史学』三五号、一九八三)
金子金治郎『新撰菟玖波集の研究』(風間書房、一九六九)
金子金治郎『新撰菟玖波集　実隆本〔天理図書館善本叢書〕』(八木書店、一九七五)
木藤才蔵『連歌史論考　上・下』(明治書院、一九九三)
源城政好「地方武士の文芸享受――文化と経済の交換」(同『京都文化の伝播と地域社会』思文閣出版、二〇〇六)
高橋伸幸「三条西実隆――中央と地方との文芸交流」(『国文学　解釈と鑑賞』五七巻三号、一九九二)
中島圭一「三条西家と苧商売役」(『遥かなる中世』一二号、一九九二)
永島福太郎『一条兼良』(吉川弘文館、一九五九)
芳賀幸四郎『三条西実隆』(吉川弘文館、一九六〇)
芳賀幸四郎「中世末期における三条西家の経済的基盤とその崩壊」(同『芳賀幸四郎歴史論集Ⅳ　中世文化とその基盤』思文閣出版、一九八一)
原　勝郎『東山時代に於ける一縉紳の生活』(講談社学術文庫、一九七八)
宮川葉子『改訂新版　三条西実隆と古典学』(風間書房、一九九九)
渡邊大門「播磨国守護赤松氏被官人葦田友興の文芸について――友興の略伝と文芸享受の背景」(同『中世後期の赤松氏――政治・史料・文化の視点から』日本史史料研究会、二〇一一)

◆第二章

古勝隆一「新しくなった清家文庫」(『静脩』四〇巻一号、二〇〇三)
近藤喜博「越前一乗谷の清原宣賢――天文十二年記」(『ミュージアム』一八〇号、一九六六)
佐藤　圭・水野和雄編『戦国大名朝倉氏と一乗谷』(高志書院、二〇〇二)

芝　美紀子「冷泉為廣の研究」（『親和国文』七号、一九七三）
水藤　真『朝倉義景』（吉川弘文館、一九八一）
冷泉為人監修『冷泉家歌の人々』（書肆フローラ、二〇〇四）
冷泉為人『冷泉家・蔵番物語　「和歌の家」千年をひもとく』（日本放送出版協会、二〇〇九）
和島芳男『中世の儒学』（吉川弘文館、一九六五）
渡邊大門「戦国期赤松氏と文芸に関する基礎的考察」（同『中世後期の赤松氏――政治・史料・文化の視点から』日本史史料研究会、二〇一一）

◆第三章

井上宗雄「橋本公夏の生涯――中世後期「源氏物語」注釈者伝記の内」（『リポート笠間』七二号、一九七二）
『新修鳥取市史』第一巻（一九八三）
『鳥取県史』第二巻（一九七三）
『三木市史』（一九七〇）
福田秀一『中世和歌史の研究』（角川書店、一九七二）
藤本孝一「下冷泉家の歌学・典籍概観」（『朱雀』六集、一九九三）
山本登朗「橋本公夏の伊勢物語注釈――陽明文庫蔵『志能夫数理』をめぐって」（『光華女子大学研究紀要』二七集、一九八九）
渡邊大門『戦国誕生――中世日本が終焉するとき』（講談社現代新書、二〇一一）

◆第四章

有光友學『今川義元』（吉川弘文館、二〇〇八）

小和田哲男『豊臣秀次――「殺生関白」の悲劇』（PHP新書、二〇〇二）
久保田昌希「今川氏親後室寿桂尼発給文書について」（『駒澤史学』二四号、一九七六）
久保田昌希「今川氏親後室中御門氏（寿桂尼）の生涯」（『駒澤史学』五〇号、一九九七）
久保田昌希『戦国大名今川氏と領国支配』（吉川弘文館、二〇〇五）
笹本正治『戦国大名の日常生活』（講談社、二〇〇〇）
柴辻俊六『甲斐武田一族』（新人物往来社、二〇〇五）
柴辻俊六『新編武田信玄のすべて』（新人物往来社、二〇〇八）
藤田恒春『豊臣秀次の研究』（文献出版、二〇〇三）
渡邊大門『戦国大名の婚姻戦略』（角川SSC新書、二〇一〇）

◆第五章

朝尾直弘『将軍権力の創出』（岩波書店、一九九五）
池　享『戦国・織豊期の武家と天皇』（校倉書房、二〇〇三）
石毛　忠「織豊政権の政治思想」（石田一良他編『日本思想史講座4　近世の思想1』雄山閣、一九七六）
岩澤愿彦「「三職推任」覚書」（『織豊期研究』四号、二〇〇二）
神田裕理『戦国・織豊期の朝廷と公家社会』（校倉書房、二〇一一）
桐野作人「信長への三職推任・贈官位の再検討」（『歴史評論』六六五号、二〇〇五）
桑田忠親『豊臣秀吉研究』（角川書店、一九七五）
下村　效『日本中世の法と経済』（続群書類従完成会、一九九八）
立花京子『信長権力と朝廷〔第二版〕』（岩田書院、二〇〇二）
橋本政宣『近世公家社会の研究』（吉川弘文館、二〇〇二）
藤井讓治『天皇の歴史　五巻　天皇と天下人』（講談社、二〇一一）

藤田達生『秀吉神話をくつがえす』（講談社現代新書、二〇〇七）
二木謙一『武家儀礼格式の研究』（吉川弘文館、二〇〇三）
堀　新『日本中世の歴史7　天下統一から鎖国へ』（吉川弘文館、二〇一〇）
堀　新『織豊期王権論』（校倉書房、二〇一一）
山田康弘「戦国期幕府奉行人奉書と信長朱印状」（『古文書研究』六五号、二〇〇八）
脇田　修『織田政権の基礎構造』（東京大学出版会、一九七五）
脇田　修『近世封建制成立史論』（東京大学出版会、一九七七）

◆終　章

浅見雅男『華族誕生』（リブロポート、一九九四）
浅見雅男『華族たちの近代』（NTT出版、一九九九）
小田部雄次『華族――近代日本貴族の虚像と実像』（中央公論新社、二〇〇六）
千田稔『明治・大正・昭和　華族事件録』（新人物往来社、二〇〇二）
タキエ・スギヤマ・リブラ『近代日本の上流階級』（竹内洋ほか訳、世界思想社、二〇〇〇）
橋本政宣『近世公家社会の研究』（吉川弘文館、二〇〇二）
森岡清美『華族社会の「家」戦略』（吉川弘文館、二〇〇一）
山口和夫「朝廷と公家社会」（歴史学研究会・日本史研究会編『日本史講座　第六巻　近世社会論』東京大学出版会、二〇〇五）
山口和夫「近世の公家身分」（堀新・深谷克己編『〈江戸〉の人と身分　3』吉川弘文館、二〇一〇）

著者略歴

渡邊大門（わたなべ　だいもん）

1967年、神奈川県横浜市生まれ。
1990年、関西学院大学文学部史学科卒業。
2005年、放送大学大学院文化科学研究科修士課程修了。
2008年、佛教大学大学院文学研究科博士後期課程修了、博士（文学）。
現在、大阪観光大学観光学研究所客員研究員。

❖単著

『戦国期浦上氏・宇喜多氏と地域権力』（岩田書院、2011年）
『戦国の交渉人——外交僧安国寺恵瓊の知られざる生涯』（洋泉社歴史新書y、2011年）
『中世後期の赤松氏——政治・史料・文化の視点から』（日本史史料研究会、2011年）
『戦国誕生——中世日本が終焉するとき』（講談社現代新書、2011年）
『宇喜多直家・秀家』（ミネルヴァ書房、2011年）
『戦国期赤松氏の研究』（岩田書院、2010年）
『中世後期山名氏の研究』（日本史史料研究会、2010年）
『戦国大名の婚姻戦略』（角川SSコミュニケーションズ、2010年）
『奪われた「三種の神器」——皇位継承の中世史』（講談社現代新書、2009年）ほか

逃《に》げる公家《くげ》、媚《こ》びる公家《くげ》
——戦国時代《せんごくじだい》の貧《まず》しい貴族《きぞく》たち

2011年11月25日　第1刷発行

著　者　渡邊大門
発行者　富澤凡子
発行所　柏書房株式会社
東京都文京区本駒込一-一三-一四　〒一一三-〇〇二一
電話　〇三-三九四七-八二五一（営業）
　　　〇三-三九四七-八二五四（編集）
装丁・組版　常松靖史［TUNE］
印刷・製本　中央精版印刷株式会社
© Daimon Watanabe 2011. Printed in Japan
ISBN978-4-7601-4072-5

柏書房の本

消された秀吉の真実——徳川史観を越えて
山本博文・堀新・曽根勇二［編］
◎四六判上製／328頁／2800円

天下人の一級史料——秀吉文書の真実
山本博文
◎四六判上製／274頁／2200円

百姓の力——江戸時代から見える日本
渡辺尚志
◎四六判上製／244頁／2200円

百姓の主張——訴訟と和解の江戸時代

渡辺尚志

◆四六判上製／230頁／2200円

日本人のリテラシー——1600-1900年

リチャード・ルビンジャー　川村肇［訳］

◆A5判上製／324頁／4800円

日本人と参勤交代

コンスタンチン・ヴァポリス　小島康敬＋M・ウィリアム・スティール［監訳］

◆A5判上製／410頁／4800円

［価格税別］

絵解き 幕末諷刺画と天皇
奈倉哲三［編著］
◎B5判並製／268頁／6500円

殴り合う貴族たち——平安朝裏源氏物語
繁田信一
◎四六判上製／232頁／2200円

王朝貴族の悪だくみ——清少納言、危機一髪
繁田信一
◎四六判上製／232頁／2200円